The Traces of a Primitive Monotheism

Monotheism

(Primitiver Monotheismus)

Bilingual Edition English Germany Standar Version

by

Author

Frank F Ellinwood

Translator

Jannah Firdaus Mediapro

2020

Prologue

There are two conflicting theories now in vogue in regard to the origin of religion. The first is that of Christian theists as taught in the Old and New Testament Scriptures, viz., that the human race in its first ancestry, and again in the few survivors of the Deluge, possessed the knowledge of the true God. It is not necessary to suppose that they had a full and mature conception of Him, or that that conception excluded the idea of other gods. No one would maintain that Adam or Noah comprehended the nature of the Infinite as it has been revealed in the history of God's dealings with men in later times.

But from their simple worship of one God their descendants came gradually to worship various visible objects with which they associated their blessings—the sun as the source of warmth and vitality, the rain as imparting a quickening power to the earth, the spirits of ancestors to whom they looked with a special awe, and finally a great variety of created things instead of the invisible Creator. The other theory is that man, as we now behold him, has been developed from lower forms of animal life, rising first to the state of a mere human animal, but gradually acquiring intellect, conscience, and finally a soul;--that ethics and religion have been developed from instinct by social contact, especially by ties of family and the tribal relation; that altruism which began with the instinctive care of parents for their offspring, rose to the higher domain of religion and began to recognize the claims of deity; that God, if there be a God, never revealed himself to man by any preternatural means, but that great souls, like Moses, Isaiah, and Plato, by their higher and clearer insight, have gained loftier views of deity than others, and as prophets and teachers have made known their inspirations to their fellow-men. Gradually they have formed rituals and elaborated philosophies, adding such supernatural elements as the ignorant fancy of the masses was supposed to demand.

In Bezug auf den Ursprung der Religion gibt es derzeit zwei widersprüchliche Theorien. Das erste ist das der christlichen Theisten, wie es in den Schriften des Alten und Neuen Testaments gelehrt wird, nämlich dass die Menschheit in ihrer ersten Abstammung und wiederum in den wenigen Überlebenden der Sintflut die Kenntnis des wahren Gottes besaß. Es ist nicht notwendig anzunehmen, dass sie eine vollständige und ausgereifte Vorstellung von Ihm hatten oder dass diese Vorstellung die Vorstellung von anderen Göttern ausschloss.

Niemand würde behaupten, dass Adam oder Noah das Wesen des Unendlichen verstanden hätten, wie es in der Geschichte des späteren Umgangs Gottes mit Menschen offenbart wurde. Aber aus ihrer einfachen Anbetung eines Gottes kamen ihre Nachkommen nach und nach, um verschiedene sichtbare Objekte anzubeten, mit denen sie ihren Segen verbanden - die Sonne als Quelle der Wärme und Vitalität, der Regen als Quelle einer belebenden Kraft für die Erde, die Geister der Ahnen Wen sie mit einer besonderen Ehrfurcht und schließlich einer großen Vielfalt von erschaffenen Dingen anstelle des unsichtbaren Schöpfers betrachteten.

Die andere Theorie besagt, dass der Mensch, wie wir ihn jetzt sehen, aus niederen Formen des Tierlebens hervorgegangen ist und zuerst zum Zustand eines bloßen menschlichen Tieres aufgestiegen ist, aber allmählich Intellekt, Gewissen und schließlich eine Seele erlangt hat; und Religion sind aus dem Instinkt durch sozialen Kontakt entstanden, insbesondere durch familiäre Bindungen und Stammesverhältnisse; Dieser Altruismus, der mit der instinktiven Fürsorge der Eltern für ihre Nachkommen begann, stieg in den höheren Bereich der Religion auf und erkannte die Ansprüche der Gottheit an. dass Gott, wenn es einen Gott gibt, sich dem Menschen niemals auf übernatürliche Weise offenbart hat.

Aber diese großen Seelen, wie Moses, Jesaja und Platon, haben durch ihre höhere und klarere Einsicht höhere Ansichten von Gott gewonnen als andere, und als Propheten und Lehrer haben sie ihren Mitmenschen ihre Inspirationen kundgetan. Allmählich haben sie Rituale gebildet und Philosophien ausgearbeitet, indem sie solche übernatürlichen Elemente hinzugefügt haben, wie es die unwissende Phantasie der Massen fordern sollte.

The Traces of a Primitive Monotheism English Version

There are two conflicting theories now in vogue in regard to the origin of religion. The first is that of Christian theists as taught in the Old and New Testament Scriptures, viz., that the human race in its first ancestry, and again in the few survivors of the Deluge, possessed the knowledge of the true God. It is not necessary to suppose that they had a full and mature conception of Him, or that that conception excluded the idea of other gods. No one would maintain that Adam or Noah comprehended the nature of the Infinite as it has been revealed in the history of God's dealings with men in later times.

But from their simple worship of one God their descendants came gradually to worship various visible objects with which they associated their blessings—the sun as the source of warmth and vitality, the rain as imparting a quickening power to the earth, the spirits of ancestors to whom they looked with a special awe, and finally a great variety of created things instead of the invisible Creator. The other theory is that man, as we now behold him, has been developed from lower forms of animal life, rising first to the state of a mere human animal, but gradually acquiring intellect, conscience, and finally a soul;--that ethics and religion have been developed from instinct by social contact, especially by ties of family and the tribal relation; that altruism which began with the instinctive care of parents for their offspring, rose to the higher domain of religion and began to recognize the claims of deity; that God, if there be a God, never revealed himself to man by any preternatural means, but that great souls, like Moses, Isaiah, and Plato, by their higher and clearer insight, have gained loftier views of deity than others, and as prophets and teachers have made known their inspirations to their fellow-men. Gradually they have formed rituals and elaborated philosophies, adding such supernatural elements as the ignorant fancy of the masses was supposed to demand.

According to this theory, religions, like everything else, have grown up from simple germs: and it is only in the later stages of his development that man can be said to be a religious being. While an animal merely, and for a time even after he had attained to a rude and savage manhood, a life of selfish passion and marauding was justifiable, since only thus could the survival of the fittest be secured and the advancement of the race attained.[125] It is fair to say that there are various shades of the theory here presented—some materialistic, some theistic, others having a qualified theism, and still others practically agnostic. Some even who claim to be Christians regard the various religions of men as so many stages in the divine education of the race—all being under the direct guidance of God, and all designed to lead ultimately to Christianity which is the goal.

That God has overruled all things, even the errors and wickedness of men, for some wise object will not be denied; that He has implanted in the human understanding many correct conceptions of ethical truth, so that noble principles are found in the teachings of all religious systems; that God is the author of all truth and all right impulses, even in heathen minds, is readily admitted. But that He has directly planned and chosen the non-Christian religions on the principle that half-truths and perverted truths and the direct opposites of the truth, were best adapted to certain stages of development— in other words, that He has causatively led any nation into error and consequent destruction as a means of preparing for subsequent generations something higher and better, we cannot admit. The logic of such a conclusion would lead to a remorseless fatalism. Everything would depend on the age and the environment in which one's lot were cast. We cannot believe that fetishism and idolatry have been God's kindergarten method of training the human race for the higher and more spiritual service of His kingdom.

Turning from the testimony of the Scriptures on the one hand and the a priori assumptions of evolution on the other, what is the witness of the actual history of religions? Have they shown an upward or a downward development? Do they appear to have risen from polytheism toward simpler and more spiritual forms, or have simple forms been ramified into polytheism?[126] If we shall be able to establish clear evidence that monotheistic or even henotheistic types of faith existed among all, or nearly all, the races at the dawn of history, a very important point will have been gained. The late Dr. Henry B. Smith, after a careful perusal of Ebrard's elaborate presentation of the religions of the ancient and the modern world, and his clear proofs that they had at first been invariably monotheistic and had gradually lapsed into ramified forms of polytheism, says in his review of Ebrard's work: "We do not know where to find a more weighty reply to the assumptions and theories of those writers who persist in claiming, according to the approved hypothesis of a merely naturalistic evolution, that the primitive state of mankind was the lowest and most debased form of polytheistic idolatry, and that the higher religions have been developed out of these base rudiments. Dr. Ebrard shows conclusively that the facts all lead to another conclusion, that gross idolatry is a degeneration of mankind from antecedent and purer forms of religious worship.... He first treats of the civilized nations of antiquity, the Aryan and Indian religions, the Vedas, the Indra period of Brahmanism and Buddhism; then of the religion of the Iranians, the Avesta of the Parsees; next of the Greeks and Romans, the Egyptians, the Canaanites, and the heathen Semitic forms of worship, including the Phoenicians, Assyrians, and Babylonians. His second division is devoted to the half-civilized and savage races in the North and West of Europe, in Asia and Polynesia (Tartars, Mongols, Malays, and Cushites); then the races of America, including a minute examination of the relations of the different races here to the Mongols, Japanese, and old Chinese immigrations."[127]

Ebrard himself, in summing up the results of these prolonged investigations, says: "We have nowhere been able to discover the least trace of any forward and upward movement from fetichism to polytheism, and from that again to a gradually advancing knowledge of the one God; but, on the contrary, we have found among all the peoples of the heathen world a most decided tendency to sink from an earlier and relatively purer knowledge of God toward something lower."[128]

If these conclusions, reached by Ebrard and endorsed by the scholarly Dr. Henry B. Smith, are correct, they are of great importance; they bring to the stand the witness of the false religions themselves upon an issue in which historic testimony as distinguished from mere theories is in special demand in our time. Of similar import are the well-considered words of Professor Naville, in the first of his lectures on modern atheism.[129] He says: "Almost all pagans seem to have had a glimpse of the divine unity over the multiplicity of their idols, and of the rays of the divine holiness across the saturnalia of their Olympi. It was a Greek (Cleanthus) who wrote these words: 'Nothing is accomplished on the earth without Thee, O God, save the deeds which the wicked perpetrate in their folly.' It was in a theatre at Athens, that the chorus of a tragedy sang, more than two thousand years ago: 'May destiny aid me to preserve, unsullied, the purity of my words, and of all my actions, according to those sublime laws which, brought forth in the celestial heights, have the raven alone for their father, to which the race of mortals did not give birth and which oblivion shall never entomb. In them is a supreme God, and one who waxes not old.' It would be easy to multiply quotations of this order and to show, in the documents of Grecian and Roman civilization, numerous traces of the knowledge of the only and holy God."

With much careful discrimination, Dr. William A.P. Martin, of the Peking University, has said: "It is customary with a certain school to represent religion as altogether the fruit of an intellectual process. It had its birth, say they, in ignorance, is modified by every stage in the progress of knowledge, and expires when the light of philosophy reaches its noon-day. The fetish gives place to a personification of the powers of nature, and this poetic pantheon is, in time, superseded by the high idea of unity in nature expressed by monotheism. This theory has the merit of verisimilitude. It indicates what might be the process if man were left to make his own religion; but it has the misfortune to be at variance with facts. A wide survey of the history of civilized nations (and the history of others is beyond reach) shows that the actual process undergone by the human mind in its religious development is precisely opposite to that which this theory supposes; in a word, that man was not left to construct his own creed, but that his blundering logic has always been active in its attempts to corrupt and obscure a divine original. The connection subsisting between the religious systems of ancient and distant countries presents many a problem difficult of solution. Indeed, their mythologies and religious rites are generally so distinct as to admit the hypothesis of an independent origin; but the simplicity of their earliest beliefs exhibits an unmistakable resemblance, suggestive of a common source.

"China, India, Egypt, and Greece all agree in the monotheistic type of their early religion. The Orphic hymns, long before the advent of the popular divinities, celebrated the Pantheos, the Universal God. The odes compiled by Confucius testify to the early worship of Shangte, the Supreme Euler. The Vedas speak of 'one unknown true Being, all-present, all-powerful; the Creator, Preserver, and Destroyer of the universe.' And in Egypt, as late as the time of Plutarch, there were still vestiges of a monotheistic worship. 'The other Egyptians,' he says, 'all made offerings at the tombs of the sacred beasts; but the inhabitants of the Thebaid stood alone in making no such offerings, not regarding as a god anything that can die, and acknowledging no god but one, whom they call Kneph, who had no birth, and can have no death. Abraham, in his wanderings, found the God of his fathers known and honored in Salem, in Gerar, and in Memphis; while at a later day Jethro, in Midian, and Balaam, in Mesopotamia, were witnesses that the knowledge of Jehovah was not yet extinct in those countries.'"[130]

Professor Max Mueller speaks in a similar strain of the lapse of mankind from earlier and simpler types of faith to low and manifold superstitions: "Whenever we can trace back a religion to its first beginning," says the distinguished Oxford professor, "we find it free from many of the blemishes that offend us in its later phases. The founders of the ancient religions of the world, as far as we can judge, were minds of a high stamp, full of noble aspirations, yearning for truth, devoted to the welfare of their neighbors, examples of purity and unselfishness. What they desired to found upon earth was but seldom realized, and their sayings, if preserved in their original form, offered often a strange contrast to the practice of those who profess to be their disciples. As soon as a religion is established, and more particularly when it has become the religion of a powerful state, the foreign and worldly elements encroach more and more on the original foundation, and human interests mar the simplicity and purity of the plan which the founder had conceived in his own heart and matured in his communings with his God."[131]

But in pursuing our subject we should clearly determine the real question before us. How much may we expect to prove from the early history of the non-Christian systems? Not certainly that all nations once received a knowledge of the Old Testament revelation, as some have claimed, nor that all races possessed at the beginning of their several historic periods one and the same monotheistic faith. We cannot prove from non-scriptural sources that their varying monotheistic conceptions sprang from a common belief. We cannot prove either the supernatural revelation which Professor Max Mueller emphatically rejects, nor the identity of the well-nigh universal henotheisms which he professes to believe. We cannot prove that the worship of one God as supreme did not coexist with a sort of worship of inferior deities or ministering spirits. Almost as a rule, the worship of ancestors, or spirits, or rulers, or the powers of nature, or even totems and fetishes has been rendered as subordinate to the worship of the one supreme deity who created and upholds all things. Even the monotheism of Judaism and of Christianity has been attended with the belief in angels and the worship of intercessory saints, to say nothing of the many superstitions which prevail among the more ignorant classes. We shall only attempt to show that monotheism, in the sense of worshipping *one God as supreme*, is found in nearly all the early teachings of the world. That these crude faiths are one in the origin is only presumable, if we leave the testimony of the Bible out of the account.

When on a summer afternoon we see great shafts of light arising and spreading fan-shaped from behind a cloud which lies along the western horizon, we have a strong presumption that they all spring from one great luminary toward which they converge, although that luminary is hidden from our view. So tracing the convergence of heathen faiths with respect to one original monotheism, back to the point where the prehistoric obscurity begins, we may on the same principle say that all the evidence in the case, and it is not small, points toward a common origin for the early religious conceptions of mankind.

Professor Robert Flint, in his scholarly article on theism in "The Britannica," seems to discard the idea that the first religion of mankind was monotheism; but a careful study of his position will show that he has in view those conceptions of monotheism which are common to us, or, as he expresses it, "monotheism in the ordinary or proper sense of the term," "monotheism properly so called," "monotheism which excludes polytheism," etc. Moreover, he maintains that we cannot, from historical sources, learn what conceptions men first had of God. Even when speaking of the Old Testament record, he says: "These chapters (of Genesis), although they plainly teach monotheism and represent the God whose words and acts are recorded in the Bible as no mere national God, but the only true God, they do not teach what is alone in the question—that there was a primitive monotheism, a monotheism revealed and known from the beginning. They give no warrant to the common assumption that God revealed monotheism to Adam, Noah, and others before the Flood, and that the traces of monotheistic beliefs and tendencies in heathendom are derivable from the tradition of this primitive and antediluvian monotheism. The one true God is represented as making himself known by particular words and in particular ways to Adam, but is nowhere said to have taught him that He only was God." It is plain that Professor Flint is here dealing with a conception of monotheism which is exclusive of all other gods. And his view is undoubtedly correct, so far as Adam was concerned. There was no more need of teaching him that his God was the only God, than that Eve was the only woman. With Noah the case is not so plain. He doubtless worshipped God amid the surroundings of polytheistic heathenism. Enoch probably had a similar environment, and there is no good reason for supposing that their monotheism may not have been as exclusive as that of Abraham. But with respect to the Gentile nations, the dim traces of this monism or henotheism which Professor Flint seems to accord to Adam and to Noah, is all that we are contending for, and all that is necessary to the argument of this lecture. We may even admit that heathen deities may sometimes have been called by different names while the one source of power was intended. Different names seem to have been employed to represent different manifestations of the one God of the Old Testament according to His varied relations toward His people. There are those who deny this polyonomy, as Max Mueller has called it, and who maintain that the names in the earliest Veda represented distinct deities; but, by similar reasoning, Professor Tiele and others insist that three different Hebrew Gods, according to their respective names, were worshipped in successive periods of the Jewish history. It seems quite possible, therefore, that a too restrictive definition of monotheism may prove too much, by opening the way for a claim that even the Jewish and Christian faith, with its old Testament names of God, its angels, its theophanies, and its fully developed trinity, is not strictly monotheistic. For our present purpose, traces of the worship of one supreme

God—call it monotheism or henotheism—is all that is required.

With these limitations and qualifications in view, let us turn to the history of some of the leading non-Christian faiths. Looking first to India, we find in the 129th hymn of the Rig Veda, a passage which not only presents the conception of one only supreme and self-existing Being, but at the same time bears significant resemblance to our own account of the creation from chaos. It reads thus:

"In the beginning there was neither naught nor aught,

Then there was neither atmosphere nor sky above, There was neither death nor immortality, There was neither day nor night, nor light, nor darkness, Only the EXISTENT ONE breathed calmly self-contained. Naught else but He was there, naught else above, beyond.

Then first came darkness hid in darkness, gloom in gloom;

Next all was water, chaos indiscrete,

In which ONE lay void, shrouded in nothingness." [132]

In the 121st hymn of the same Veda occurs a passage which seems to resemble the opening of the Gospel of St. John. It reads thus, as translated by Sir Monier Williams:

"Him let us praise, the golden child that was In the beginning, who was born the Lord, Who made the earth and formed the sky."

"The one born Lord" reminds us of the New Testament expression, "the only begotten Son." Both were "in the beginning;" both were the creators of the world. While there is much that is mysterious in these references, the idea of oneness and supremacy is too plain to be mistaken. Professor Max Mueller has well expressed this fact when he said: "There is a monotheism which precedes polytheism in the Veda; and even in the invocation of their (inferior) gods, the remembrance of *a* God, one and infinite, breaks through the mist of an idolatrous phraseology like the blue sky that is hidden by passing clouds."[133] These monotheistic conceptions appear to have been common to the Aryans before their removal from their early home near the sources of the Oxus, and we shall see further on that in one form or another they survived among all branches of the migrating race. The same distinguished scholar traces the early existence of monotheism in a series of brief and rapid references to nearly all the scattered Aryans not only, but also to the Turanians on the North and East, to the Tungusic, Mongolic, Tartaric, and Finnic tribes. "Everywhere," he says, "we find a worship of nature, and the spirits of the departed, but behind it all there rises a belief in some higher power called by different names, who is Maker and Protector of the world, and who always resides in heaven."[134] He also speaks of an ancient African faith which, together with its worship of reptiles and of ancestors, showed a vague hope of a future life, "and a not altogether faded reminiscence of a supreme God," which certainly implies a previous knowledge.[135]

The same prevalence of one supreme worship rising above all idolatry he traces among the various tribes of the Pacific Islands. His generalizations are only second to those of Ebrard. Although he rejects the theory of a supernatural revelation, yet stronger language could hardly be used than that which he employs in proof of a universal monotheistic faith.[136] "Nowhere," he says, "do we find stronger arguments against idolatry, nowhere has the unity of God been upheld more strenuously against the errors of polytheism, than by some of the ancient sages of India. Even in the oldest of the sacred books, the Rig Veda, composed three or four thousand years ago, where we find hymns addressed to the different deities of the sky, the air, the earth, the rivers, the protest of the human heart against many gods breaks forth from time to time with no uncertain sound." Professor Mueller's whole position is pretty clearly stated in his first lecture on "The Science of Religion," in which he protests against the idea that God once gave to man "a *preternatural* revelation" concerning Himself; and yet he gives in this same lecture this striking testimony to the doctrine of an early and prevailing monotheistic faith:

"Is it not something worth knowing," he says, "worth knowing even to us after the lapse of four or five thousand years, that before the separation of the Aryan race, before the existence of Sanskrit, Greek, or Latin, before the gods of the Veda had been worshipped, and before there was a sanctuary of Zeus among the sacred oaks of Dodona, one Supreme deity had been found, had been named, had been invoked by the ancestors of our race, and had been invoked by a name which has never been excelled by any other name?" And again, on the same subject, he says: "If a critical examination of the ancient language of the Jews leads to no worse results than those which have followed from a careful interpretation of the petrified language of ancient India and Greece, we need not fear; we shall be gainers, not losers. Like an old precious medal, the ancient religion, after the rust of ages has been removed, will come out in all its purity and brightness; and the image which it discloses will be the image of the Father, the Father of all the nations upon earth; and the superscription, when we can read it again, will be, not only in Judea, but in the languages of all the races of the world, the Word of God, revealed where alone it can be revealed— revealed in the heart of man."[137]

The late Professor Banergea, of Calcutta, in a publication entitled "The Aryan Witness," not only maintained the existence of monotheism in the early Vedas, but with his rare knowledge of Sanskrit and kindred tongues, he gathered from Iranian as well as Hindu sources many evidences of a monotheism common to all Aryans. His conclusions derive special value from the fact that he was a high caste Hindu, and was not only well versed in the sacred language, but was perfectly familiar with Hindu traditions and modes of thought. He was as well qualified to judge of early Hinduism as Paul was of Judaism, and for the same reason. And from his Hindu standpoint, as a Pharisee of the Pharisees, though afterward a Christian convert, he did not hesitate to declare his belief, not only that the early Vedic faith was monotheistic, but that it contained traces of that true revelation, once made to men.[138]

In the same line we find the testimony of the various types of revived Aryanism of our own times. The Brahmo Somaj, the Arya Somaj, and other similar organizations, are not only all monotheistic, but they declare that monotheism was the religion of the early Vedas. And many other Hindu reforms, some of them going as far back as the twelfth century, have been so many returns to monotheism. A recent Arya catechism published by Ganeshi, asserts in its first article that there is one only God, omnipotent, infinite, and eternal. It proceeds to show that the Vedas present but one, and that when hymns were addressed to Agni, Vayu, Indra, etc., it was only a use of different names for one and the same Being.[139]

It represents God as having all the attributes of supreme Deity. He created the world by His direct power and for the revelation of His glory to His creatures. Man, according to the Aryas, came not by evolution nor by any of the processes known to Hindu philosophy, but by direct creation from existing atoms.

In all this it is easy to see that much has been borrowed from the Christian conception of God's character and attributes, but the value of this Aryan testimony lies in the fact that it claims for the ancient Vedas a clear and positive monotheism.

If we consult the sacred books of China, we shall find there also many traces of an ancient faith which antedates both Confucianism and Taouism. The golden age of the past to which all Chinese sages look with reverence, was the dynasty of Yao and Shun, which was eighteen centuries earlier than the period of Confucius and Laotze. The records of the Shu-king which Confucius compiled, and from which unfortunately his agnosticism excluded nearly all its original references to religion, nevertheless retain a full account of certain sacred rites performed by Shun on his accession to the full imperial power. In those rites the worship of One God as supreme is distinctly set forth as a "customary service," thereby implying that it was already long established. Separate mention is also made of offerings to inferior deities, as if these were honored at his own special instance. It is unquestionably true that in China, and indeed in all lands, there sprang up almost from the first a tendency to worship, or at least to fear, unseen spirits. This tendency has coexisted with all religions of the world—even with the Old Testament cult— even with Christianity. To the excited imaginations of men, especially the ignorant classes, the world has always been a haunted world, and just in proportion as the light of true religion has become dim, countless hordes of ghosts and demons have appeared. When Confucius arose this gross animism had almost monopolized the worship of his countrymen, and universal corruption bore sway. He was not an original thinker, but only a compiler of the ancient wisdom, and in his selections from the traditions of the ancients, he compiled those things only which served his great purpose of building up, from the relations of family and kindred, the complete pyramid of a well-ordered state in which the Emperor should hold to his subjects the place of deity. If such honor to a mortal seemed extravagant, yet in his view a wise emperor was far worthier of reverence than the imaginary ghosts of the popular superstitions. Yet, even Confucius could not quite succeed in banishing the idea of divine help, nor could he destroy that higher and most venerable worship which has ever survived amid all the corruptions of polytheism. Professor Legge, of Oxford, has claimed, from what he regards as valid linguistic proofs, that at a still earlier period than the dynasty of Yao and Shun there existed in China the worship of one God. He says: "Five thousand years ago the Chinese were monotheists—not henotheists, but monotheists"— though he adds that even then there was a constant struggle with nature-worship and divination.[140]

The same high authority cites a remarkable prayer of an Emperor of the Ming dynasty (1538 A.D.) to show that in spite of the agnosticism and reticence of Confucius, Shangte has been worshipped in the centuries which have followed his time. The prayer is very significant as showing how the One Supreme God stands related to the subordinate gods which polytheism has introduced. The Emperor was about to decree a slight change in the name of Shangte to be used in the imperial worship. He first addressed the spirits of the hills, the rivers, and the seas, asking them to intercede for him with Shangte. "We will trouble you," said he, "on our behalf to exert your spiritual power and to display your vigorous efficacy, communicating our poor desires to Shangte, and praying him graciously to grant us his acceptance and regard, and to be pleased with the title which we shall reverently present." But very different was the language used when he came to address Shangte himself. "Of old, in the beginning," he began,--"Of old in the beginning, there was the great chaos without form, and dark. The five elements had not begun to revolve nor the sun and moon to shine. In the midst thereof there presented itself neither form nor sound. Thou, O spiritual Sovereign! earnest forth in thy presidency, and first didst divide the grosser parts from the purer. Thou madest heaven: Thou madest earth:

Thou madest man. All things got their being with their producing power. O Te! when Thou hadst opened the course for the inactive and active forces of matter to operate, thy making work went on. Thou didst produce, O Spirit! the sun and moon and five planets, and pure and beautiful was their light. The vault of heaven was spread out like a curtain, and the square earth supported all on it, and all creatures were happy. I, thy servant, presume reverently to thank Thee." Farther on he says: "All the numerous tribes of animated beings are indebted to Thy favor for their being. Men and creatures are emparadised in Thy love. All living things are indebted to Thy goodness. But who knows whence his blessings come to him? It is Thou, O Lord! who art the parent of all things."[141]

Surely this prayer humbly offered by a monarch would not be greatly out of place among the Psalms of David. Its description of the primeval chaos strikingly resembles that which I have quoted from the Rig Veda, and both resemble that of the Mosaic record. If the language used does not present the clear conception of one God, the Creator and the Upholder of all things, and a supreme and personal Sovereign over kings and even "gods," then language has no meaning. The monotheistic conception of the second petition is as distinct from the polytheism of the first, as any prayer to Jehovah is from a Roman Catholic's prayer for the intercession of the saints; and there is no stronger argument in the one case against monotheism than in the other. Dr. Legge asserts that both in the Shu-king and in the Shiking, "Te," or "Shangte," appears as a personal being ruling in heaven and in earth, the author of man's moral nature, the governor among the nations, the rewarder of the good and the punisher of the evil.[142] There are proofs that Confucius, though in his position with respect to God he fell short of the doctrine of the ancient sages, yet believed in the existence of Shangte as a personal being. When in old age he had finished his writings, he laid them on an altar upon a certain hill-top, and kneeling before the altar he returned thanks that he had been spared to complete his work.[143] Max Mueller says of him: "It is clear from many passages that with Confucius, Tien, or the Spirit of Heaven, was the supreme deity, and that he looked upon the other gods of the people—the spirits of the air, the mountains, and the rivers,[144] and the spirits of the departed, very much with the same feeling with which Socrates regarded the mythological deities of Greece."[145]

But there remains to this day a remarkable evidence of the worship of the supreme God, Shangte, as he was worshipped in the days of the Emperor Shun, 2356 B.C. It is found in the great Temple of Heaven at Peking. Dr. Martin and Professors Legge and Douglas all insist that the sacrifices there celebrated are relics of the ancient worship of a supreme God. China is full of the traces of polytheism; the land swarms with Taouist deities of all names and functions, with Confucian and ancestral tablets, and with Buddhist temples and dagobas; but within the sacred enclosure of this temple no symbol of heathenism appears. Of the August Imperial service Dr. Martin thus eloquently speaks:[146] "Within the gates of the southern division of the capital, and surrounded by a sacred grove so extensive that the silence of its deep shades is never broken by the noise of the busy world around it, stands the Temple of Heaven. It consists of a single tower, whose tiling of resplendent azure is intended to represent the form and color of the aerial vault. It contains no image; but on a marble altar a bullock is offered once a year as a burnt sacrifice, while the monarch of the empire prostrates himself in adoration of the Spirit of the

Universe. This is the high place of Chinese devotion, and the thoughtful visitor feels that he ought to tread its courts with unsandalled feet, for no vulgar idolatry has entered here. This mountain-top still stands above the waves of corruption, and on this solitary altar there still rests a faint ray of its primeval faith. The tablet which represents the invisible deity is inscribed with the name Shangte, the Supreme Ruler, and as we contemplate the Majesty of the Empire before it, while the smoke ascends from his burning sacrifice, our thoughts are irresistably carried back to the time when the King of Salem officiated as priest of the Most High God. There is," he adds, "no need of extended argument to establish the fact that the early Chinese were by no means destitute of the knowledge of the true God." Dr. Legge, the learned translator of the Chinese classics, shares so fully the views here expressed, that he actually put his shoes from off his feet before ascending the great altar, feeling that amidst all the mists and darkness of the national superstition, a trace of the glory of the Infinite Jehovah still lingered there. And in many a discussion since he has firmly maintained that that is in a dim way an altar of the true and living God.

Laotze, like Confucius, was agnostic; yet he could not wholly rid himself of the influence of the ancient faith. His conception of Taou, or Reason, was rationalistic, certainly, yet he invested it with all the attributes of personality, as the word "Wisdom" is sometimes used in the Old Testament. He spoke of it as "The Infinite Supreme," "The First Beginning," and "The Great Original." Dr. Medhurst has translated from the "Taou Teh King" this striking Taouist prayer: "O thou perfectly honored One of heaven and earth, the rock, the origin of myriad energies, the great manager of boundless kalpas, do Thou enlighten my spiritual conceptions. Within and without the three worlds, the Logos, or divine Taou, is alone honorable, embodying in himself a golden light. May he overspread and illumine my person. He whom we cannot see with the eye, or hear with the ear, who embraces and includes heaven and earth, may he nourish and support the multitudes of living beings."

If we turn to the religion of the Iranian or Persian branch of the Aryan family, we find among them also the traces of a primitive monotheism; and that it was not borrowed from Semitic sources, through the descendants of Abraham or others, Ebrard has shown clearly in the second volume of his "Apologetics." Max Mueller also maintains the identity of the Iranian faith with that of the Indo-Aryans. The very first notices of the religion of the Avesta represent it as monotheistic. Ahura Mazda, even when opposed by Ahriman, is supreme, and in the oldest hymns or gathas of the Yasna, Ahriman does not appear; there are references to evil beings, but they have no formidable head; Persian dualism, therefore, was of later growth. Zoroaster, whom Monier Williams assigns to the close of the sixth century B.C.,[147] speaks of himself as a reformer sent to re-establish the pure worship of Ahura, and Haug considers the conception of Ahura identical with that of Jehovah.

High on a rocky precipice at Behistun, Rawlinson has deciphered an inscription claiming to have been ordered by Darius Hystaspes, who lived 500 B.C., which is as clearly monotheistic as the Song of Moses. The Vendidad, which Rawlinson supposes to have been composed 800 years B.C., is full of references to minor gods, but Ahura is always supreme. The modern Parsees of Bombay claim to be monotheistic, and declare that such has been the faith of their fathers from the beginning.

A Parsee catechism published in Bombay twenty-five years ago reads thus:

"We believe in only one God, and do not believe in any besides Him.... He is the God who created the heavens, the earth, the angels, the stars, the sun, the moon, the fire, the water, ... and all things of the worlds; that God we believe in, Him we invoke, Him we adore." And lest this should be supposed to be a modern faith, the confession further declares that "This is the religion which the true prophet Zurthust, or Zoroaster, brought from God."

The Shintoists of Japan, according to their sacred book, the "Kojiki," believe in one self-existent and supreme God, from whom others emanated. From two of these, male and female, sprang the Goddess of the Sun, and from her the royal line of the Mikados. There was no creation, but the two active emanations stirred up the eternally existing chaos, till from it came forth the teeming world of animal and vegetable life.

It has often been asserted that tribes of men are found who have no conception of God. The author of "Two Years in the Jungle" declares that the Hill Dyaks of Borneo are without the slightest notion of a divine being. But a Government officer, who for two years was the guest of Rajah Brooke, succeeded after long delay in gaining a key to the religion of these Dyaks. He gives the name of one Supreme being among subordinate gods, and describes minutely the forms of worship. Professor Max Mueller, while referring to this same often-repeated allegation as having been applied to the aborigines of Australia, cites one of Sir Hercules Robinson's Reports on New South Wales, which contains this description of the singular faith of one of the lowest of the interior tribes:[148] First a being is mentioned who is supreme and whose name signifies the "maker or cutter-out," and who is therefore worshipped as the great author of all things. But as this supreme god is supposed to be inscrutable and far removed, a second deity is named, who is the *revealer* of the first and his mediator in all the affairs of men.[149]

Rev. A.C. Good, now a missionary among the cannibal tribes of West Africa, stated in the Presbyterian General Assembly at Saratoga in May, 1890, that with all the fetishes and superstitions known among the tribes on the Ogovie, if a man is asked who made him, he points to the sky and utters the name of an unknown being who created all things.[150] When Tschoop, the stalwart Mohican chief, came to the Moravians to ask that a missionary might be sent to his people, he said: "Do not send us a man to tell us that there is a God—we all know that; or that we are sinners—we all know that; but send one to tell us about salvation."[151] Even Buddhism has not remained true to the atheism of its founder. A Thibetan Lama said to Abbe Huc: "You must not confound religious truths with the superstitions of the vulgar. The Tartars prostrate themselves before whatever they see, but there is one only Sovereign of the universe, the creator of all things, alike without beginning and without end."

But what is the testimony of the great dead religions of the past with respect to a primitive monotheism? It is admitted that the later developments of the old Egyptian faith were polytheistic. But it has generally been conceded that as we approach the earliest notices of that faith, monotheistic features more and more prevail. This position is contested by Miss Amelia B. Edwards and others, who lean toward the development theory. Miss Edwards declares that the earliest faith of Egypt was mere totemism, while on the other hand Ebrard, gathering up the results of the researches of Lepsius, Ebers, Brugsch, and Emanuel de Rouge, deduces what seem to be clear evidences of an early Egyptian monotheism. He quotes Manetho, who declares that "for the first nine thousand years the god Ptah ruled alone; there was no other." According to inscriptions quoted by De Rouge, the Egyptians in the primitive period worshipped "the one being who truly lives, who has made all things, and who alone has not been made." This one God was known in different parts of Egypt under different names, which only in later times came to stand for distinct beings. A text which belongs to a period fifteen hundred years before Moses says:

"He has made all that is; thou alone art, the millions owe their being to thee; he is the Lord of all that which is, and of that which is not." A papyrus now in Paris, dating 2300 B.C., contains quotations from two much older records, one a writing of the time of King Suffern, about 3500 B.C., which says: "The operation of God is a thing which cannot be understood." The other, from a writing of Ptah Hotep, about 3000 B.C., reads: "This is the command of the God of creation, the peaceable may come and issue orders.... The eating of bread is in conformity with the ordinance of God; can one forget that his blessing rests thereupon?... If thou art a prudent man teach thy son the love of God."[152]

Professor Ernest Naville, in speaking of this same subject in a course of popular lectures in Geneva, said: "Listen now to a voice which has come forth actually from the recesses of the sepulchre: it reaches us from ancient Egypt.

"In Egypt, as you know, the degradation of the religious idea was in popular practice complete. But under the confused accents of superstition the science of our age is succeeding in catching from afar the vibrations of a sublime utterance. In the coffins of a large number of mummies have been discovered rolls of papyrus containing a sacred text which is called 'The Book of the Dead.' Here is the translation of some fragments which appear to date from a very remote epoch. It is God who speaks thus: 'I am the Most Holy, the Creator of all that replenishes the earth, and of the earth itself, the habitation of mortals. I am the Prince of the infinite ages. I am the Great and Mighty God, the Most High, shining in the midst of the careering stars and of the armies which praise me above thy head.... It is I who chastise the evil-doers and the persecutors of Godly men. I discover and confound the liars. I am the all-seeing Avenger, ... the Guardian of my laws in the land of the righteous.' These words are found mingled in the text, from which I extract them, with allusions to inferior deities; and it must be acknowledged that the translation of the ancient documents of Egypt is uncertain enough; still this uncertainty does not appear to extend to the general sense and bearing of the recent discoveries of our *savans*."[153]

Professor Flint as against Cudworth, Ebrard, Gladstone, and others, maintains that the Egyptian religion at the very dawn of its history had "certain great gods," though he adds that "there were not so many as in later times." "Ancestor worship, but not so developed as in later times, and animal worship, but very little of it compared with later times." On the other hand, as against Professor Tiele, Miss Amelia B. Edwards, and others, he says: "For the opinion that its lower elements were older than the higher there is not a particle of properly historical evidence, not a trace in the inscriptions of mere propitiation of ancestors or of belief in the absolute divinity of kings or animals; on the contrary ancestors are always found propitiated through prayer to some of the great gods; kings worshipped as emanations and images of the sun god and the divine animals adored as divine symbols and incarnations."

Among the Greeks there are few traces of monotheism, but we have reason for this in the fact that their earliest literature dates from so late a period. It began with Homer not earlier than 600 B.C., and direct accounts of the religion of the Greeks are not traced beyond 560 B.C. But Welcker, whose examinations have been exhaustive, has, in the opinion of Max Mueller, fairly established the primitive monotheism of the Greeks. Mueller says: "When we ascend with him to the most distant heights of Greek history the idea of God as the supreme being stands before us as a simple fact. Next to this adoration of One God the father of men we find in Greece a worship of nature. The powers of nature, originally worshipped as such, were afterward changed into a family of gods, of which Zeus became the king and father. The third phase is what is generally called Greek mythology; but it was preceded in time, or at least rendered possible in thought, by the two prior conceptions, a belief in a supreme God and a worship of the powers of nature.... The divine character of Zeus, as distinguished from his mythological character, is most carefully brought out by Welcker. He avails himself of all the discoveries of comparative philology in order to show more clearly how the same idea which found expression in the ancient religions of the Brahmans, the Sclavs, and the Germans had been preserved under the same simple, clear, and sublime name by the original settlers of Hellas."[154]

The same high authority traces in his own linguistic studies the important fact that all branches of the Aryan race preserve the same name for the Supreme Being, while they show great ramification and variation in the names of their subordinate gods. If, therefore, the Indo-Aryans give evidence of a monotheistic faith at the time of their dispersion, there is an *a priori* presumption for the monotheism of the Greeks. "Herodotus," says Professor Rawlinson, "speaks of God as if he had never heard of polytheism." The testimony of the Greek poets shows that beneath the prevailing polytheism there remained an underlying conception of monotheistic supremacy. Professor Rawlinson quotes from an Orphic poem the words:

"Ares is war, peace

Soft Aphrodite, wine that God has made

Is Dionysius, Themis is the right

Men render to each. Apollo, too,

And Phoebus and AEschlepius, who doth heal Diseases, are the sun. All these are one."

Max Mueller traces to this same element of monotheism the real greatness and power of the Hellenic race when he says: "What was it, then, that preserved in their hearts (the Greeks), in spite even of the feuds of tribes and the jealousies of states, the deep feeling of that ideal unity which constitutes a people? It was their primitive religion; it was a dim recollection of the common allegiance they owed from time immemorial to the great father of gods and men; it was their belief in the old Zeus of Dodona in the Pan-Hellenic Zeus."[155] "There is, in truth, but one," says Sophocles, "one only God, who made both heaven and long-extended earth and bright-faced swell of seas and force of winds." Xenophanes says: "'Mongst gods and men there is one mightiest God not mortal or in form or thought. Entire he sees and understands, and without labor governs all by mind." Aratus, whom Paul quotes,[156] says:

"With Zeus began we; let no mortal voice of men leave Zeus unpraised. Zeus fills the heavens, the streets, the marts. Everywhere we live in Zeus. Zeus fills the sea, the shores, the harbors. We are his offspring, too." The reference made by Paul evidently implies that this Zeus was a dim conception of the one true God.

That all branches of the Semitic race were monotheistic we may call not only Ebrard and Mueller, but Renan, to witness. According to Renan, evidences that the monotheism of the Semitic races was of a very early origin, appears in the fact that all their names for deity—El, Elohim, Ilu, Baal, Bel, Adonai, Shaddai, and Allah—denote one being and that supreme. These names have resisted all changes, and doubtless extend as far back as the Semitic language or the Semitic race. Max Mueller, in speaking of the early faith of the Arabs, says: "Long before Mohammed the primitive intuition of God made itself felt in Arabia;" and he quotes this ancient Arabian prayer: "I dedicate myself to thy service, O Allah. Thou hast no companion, except the companion of whom thou art master absolute, and of whatever is his." The book of Job and the story of Balaam indicate the prevalence of an early monotheism beyond the pale of the Abrahamic church. In the records of the kings of Assyria and Babylonia there is a conspicuous polytheism, yet it is significant that each king worshipped *one God only*. And this fact suggests, as a wide generalization, that political and dynastic jealousies had their influence in multiplying the names and differentiating the attributes of ancient deities. This was notably the case in ancient Egypt, where each invasion and each change of dynasty led to a new adjustment of the Egyptian Pantheon.

Rome had many gods, but Jupiter was supreme. Herodotus says of the Scythians, that they had eight gods, but one was supreme, like Zeus. The Northmen, according to Dr. Dascent, had one supreme god known as the "All-fader." The Druids, though worshipping various subordinate deities, believed in One who was supreme—the creator of all things and the soul of all things. Though conceived of in a Pantheistic sense, He was personal and exerted a moral control, as is shown by the famous triad:

"Fear God; be just to all men; die for your country." In the highest and purest period of the old Mexican faith we read of the Tezcucan monarch

Nezahualcoyotl, who said: "These idols of wood and stone can neither hear nor feel; much less could they make the heavens and the earth, and man who is the lord of it. These must be the work of the all-powerful unknown God, the Creator of the universe, on whom alone I must rely for consolation and support."[157] The Incas of Peru also, though sun-worshippers, believed in a supreme creator who made the sun. The oldest of their temples was reared to the supreme god "Virachoca." And one of the greatest Incas has left his declared belief that "there must be above the sun a greater and more powerful ruler, at whose behest the sun pursues his daily and untiring round."[158]

It has been assumed throughout this lecture, that instead of an advance in the religions of men, there has everywhere been decline. Our proofs of this are not theoretic but historic. As an example, all writers are agreed, I believe, that during the historic period the religion of the Egyptians steadily deteriorated until Christianity and Mohammedanism superseded it. In strong contrast with the lofty and ennobling prayer which we have quoted from an ancient Egyptian record, is the degradation of the later worship. On a column at Heliopolis, belonging to the fourth century before Christ, is inscribed this petition: "O thou white cat, thy head is the head of the sun god, thy nose is the nose of Thoth, of the exceeding great love of Hemopolis." The whole prayer is on this low level. Clement, of Alexandria, after describing the great beauty of an Egyptian temple, proceeds to say: "The innermost sanctuary is concealed by a curtain wrought in gold, which the priest draws aside, and there is seen a cat, or a crocodile, or a serpent, which wriggles on a purple cover."[159]

That the religions of India have degenerated is equally clear. The fact that all the medieval and modern reforms look back for their ideals to the earlier and purer Aryan faith, might of itself afford sufficient proof of this, but we have also abundant evidence which is direct. In the Rig Veda there is little polytheism, and no idolatry. There is no doctrine of caste, no base worship of Siva with the foul enormities of Saktism.[160] In the most ancient times there was no doctrine of transmigration, nor any notion that human life is an evil to be overcome by self-mortification. Woman was comparatively free from the oppressions which she suffered in the later periods. Infanticide had not then been sanctioned and enjoined by religious authority, and widow burning and the religious murders of the Thugs were unknown. And yet so deeply were these evils rooted at the beginning of the British rule in India, that the joint influence of Christian instruction and Governmental authority for a whole century has not been sufficient to overcome them.

Buddhism in the first two or three centuries had much to commend it. King Ashoka left monuments of practical beneficence and philanthropy which have survived to this day. But countless legends soon sprang up to mar the simplicity of Gautama's ethics. Corruptions crept in. Compromises were made with popular superstitions and with Hindu Saktism.[161] The monastic orders sank into corruption, and by the ninth century of our era the system had been wholly swept from India. The Buddhism of Ceylon was planted first by the devout son and daughter of a king, and for a time was characterized by great purity and devotion. But now it exists only in name, and a prominent missionary of the country declared, in the London Missionary Conference of 1888, that nine-tenths of the Cingalese were worshippers of serpents or of spirits.[162] The prevailing Buddhism in Thibet, from the eighth to the tenth century, was an admixture with Saktism and superstition. Where the system has survived in any good degree of strength, it has been due either to government support or to an alliance with other religions. The history of Taouism has shown a still worse deterioration. Laotze, though impracticable as a reformer, was a profound philosopher. His teachings set forth a lofty moral code. Superstition he abominated. His ideas of deity were cold and rationalistic, but they were pure and lofty. But the modern Taouism is a medley of wild and degrading superstitions. According to its theodicy all nature is haunted. The ignorant masses are enthralled by the fear of ghosts, and all progress is paralyzed by the nightmare of "fung shuay." Had not Taouism been balanced by the sturdy common-sense ethics of Confucianism, the Chinese might have become a race of savages.[163]

The decline of Mohammedanism from the sublime fanaticism of Abu Bekr and the intellectual aspirations of Haroun Al Raschid, to the senseless imbecility of the modern Turk, is too patent to need argument. The worm of destruction was left in the system by the vices of Mohammed himself; and from the higher level of his early followers it has not only deteriorated, but it has dragged down everything else with it. It has destroyed the family, because it has degraded woman. It has separated her immeasurably from the status of dignity and honor which she enjoyed under the influence of the early Christian church, and it has robbed her of even that freedom which was accorded to her by heathen Rome. One need only look at Northern Africa, the land of Cyprian and Origen, of Augustine and the saintly Monica, to see what Islam has done. And even the later centuries have brought no relief. Prosperous lands have been rendered desolate and sterile, and all progress has been paralyzed.

In the history of the Greek religion it is granted that there were periods of advancement. The times of the fully developed Apollo worship showed vast improvement over previous periods, but even Professor Tiele virtually admits that this was owing to the importation of foreign influences. It was not due to any natural process of evolution; and it was followed by hopeless corruption and decline. The last days of both Greece and Rome were degenerate and full of depression and despair.

It is not contended that no revivals or reforms are possible in heathenism. There have been many of these, but with all allowance for spasmodic efforts, the general drift has been always downward.[164] There is a natural disposition among men to multiply objects of worship. Herbert Spencer's principle, that development proceeds from the homogeneous to the heterogeneous, is certainly true of the religions of the world; but his other principle, that development proceeds from the incoherent to the coherent, does not apply. Incoherency and moral chaos mark the trend of all man-made faiths. The universal tendency to deterioration is well summed up as follows by Professor Naville:

"Traces are found almost everywhere in the midst of idolatrous superstitions, of a religion comparatively pure and often stamped with a lofty morality. Paganism is not a simple fact; it offers to view in the same bed two currents (like the Arve and the Arveiron)--the one pure, the other impure. What is the relation between these two currents? ... Did humanity begin with a coarse fetishism, and thence rise by slow degrees to higher conceptions? Do the traces of a comparatively pure monotheism first show themselves in the recent periods of idolatry? Contemporary science inclines more and more to answer in the negative. It is in the most ancient historical ground that the laborious investigators of the past meet with the most elevated ideas of religion. Cut to the ground a young and vigorous beech-tree, and come back a few years afterward. In place of the tree cut down you will find coppice-wood; the sap which nourished a single trunk has been divided among a multitude of shoots. This comparison expresses well enough the opinion which tends to prevail among our savants on the subject of the historical development of religions. The idea of one God is at the roots—it is primitive; polytheism is derivative."[165]

We have thus far drawn our proofs of man's polytheistic tendencies from the history of the non-Christian religions. In proof of the same general tendency we now turn to the history of the Israelites, the chosen people of God. We may properly appeal to the Bible as history, especially when showing idolatrous tendencies even under the full blaze of the truth. In spite of the supernatural revelation which they claimed to possess—notwithstanding all their instructions, warnings, promises, deliverances, divinely aided conquests—they relapsed into idolatry again and again. Ere they had reached the land of promise they had begun to make images of the gods of Egypt. They made constant compromises and alliances with the Canaanites, and not even severe judgments could withhold them from this downward drift. Their wisest king was demoralized by heathen marriages, and his successors openly patronized the heathen shrines. The abominations of Baal worship and the nameless vices of Sodom were practised under the very shadow of the Temple.[166] Judgments followed upon this miserable degeneracy. Prophets were sent with repeated warnings, and many were slain for their faithful messages. Tribe after tribe was borne into captivity, the Temple was destroyed, and at last the nation was virtually broken up and scattered abroad.

There was indeed a true development in the church of God from the Abrahamic period to the Apostolic day.

There was a rising from a narrow national spirit to one which embraced the whole brotherhood of man, from type and prophecy to fulfilment, from the sins that were winked at, to a purer ethic and the perfect law of love; but these results came not by natural evolution—far enough from it. They were wrought out not by man, but we might almost say, in spite of man. Divine interpositions were all that saved Judaism from a total wreck, even as the national unity was destroyed. A new Dispensation was introduced, a Divine Redeemer and an Omnipotent Spirit were the forces which saved the world from a second universal apostasy.

We come nearer still to the church of God for proofs of man's inherent tendency to polytheism. Even under the new Dispensation we have seen the church sink into virtual idolatry. Within six centuries from the time of Christ and His apostles there had been a sad lapse into what seemed the worship of images, pictures, and relics, and a faith in holy places and the bones of saints. What Mohammed saw, or thought he saw, was a Christian idolatry scarcely better than that of the Arabian Koreish. And, as if by the judgment of God, the churches of the East were swept with a destruction like that which had been visited upon the Ten Tribes. In the Christianity of to-day, viewed as a whole, how strong is the tendency to turn from the pure spiritual conception of God to some more objective trust—a saint, a relic, a ritual, an ordinance. In the old churches of the East or on the Continent of Europe, how much of virtual idolatry is there even now? It is only another form of the tendency in man to seek out many devices—to find visible objects of trust—to try new panaceas for the ailments of the soul—to multiply unto himself gods to help his weakness. This is just what has been done in all ages and among all races of the world. This explains polytheism. Man's religious nature is a vine, and God is its only proper support. Once fallen from that support, it creeps and grovels in all directions and over all false supports.

We have not resorted to Divine revelation for proofs except as history. But our conclusions drawn from heathen sources bring us directly, as one face answereth to another face in a glass, to the plain teachings of Paul and other inspired writers, who tell us that the human race was once possessed of the knowledge of One Supreme God, but that men apostatized from Him, preferring to worship the creature rather than the Creator. There are no traces of an upward evolution toward clearer knowledge and purer lives, except by the operation of outward causes, but there are many proofs that men's hearts have become darkened and their moral nature more and more depraved. In all lands there have been those who seemed to gain some glimpses of truth, and whose teachings were far above the average sentiment and character of their times, but they have either been discarded like Socrates and the prophets of Israel, or they have obtained a following only for a time and their precepts have fallen into neglect. It has been well said that no race of men live up to their religion, however imperfect it may be. They first disregard it, and then at length degrade it, to suit their apostate character.

Paul's estimate of heathen character was that of a man who, aside from his direct inspiration, spoke from a wide range of observation. He was a philosopher by education, and he lived in an age and amid national surroundings which afforded the broadest knowledge of men, of customs, of religious faiths, of institutions. Trained as a Jew, dealing constantly with the most enlightened heathen, persecuting the Christians, and then espousing their cause, his preparation for a broad, calm, and unerring judgment of the character of the Gentile nations was complete; and his one emphatic verdict was *apostasy*.

FOOTNOTES:

[Footnote 125: Fiske: *The Destiny of Man*, pp. 78-80.]

[Footnote 126: We do not care to enter the field of pre-historic speculation where the evolution of religion from totemism or fetishism claims to find its chief support. We are considering only the traditional development of the ancient faiths of man.]

[Footnote 127: *Introduction to Christian Theology*, Appendix, pp. 166, 167.]

[Footnote 128: Ebrard's *Apologetics*, vols. ii. and iii.]

[Footnote 129: *Modern Atheism*, p. 13.]

[Footnote 130: *The Chinese*, pp. 163, 164.]

[Footnote 131: *Chips from a German Workshop*, vol. i., p. 23.]

[Footnote 132: Professor Banergea (see *Indian Antiquary*, February, 1875) thinks that this Hindu account of creation shows traces of the common revelation made to mankind.]

[Footnote 133: *Science of Religion*, p. 99.]

[Footnote 134: *Science of Religion*, p. 88.]

[Footnote 135: "The ancient relics of African faith are rapidly disappearing at the approach of Mohammedan and Christian missionaries; but what has been preserved of it, chiefly through the exertions of learned missionaries, is full of interest to the student of religion, with its strange worship of snakes and ancestors, its vague hope of a future life, and its not altogether faded reminiscence of a Supreme God, the Father of the black as well as of the white man."-- Science of Religion, p. 39.]

[Footnote 136: While he maintains that the idea of God must have preceded that of *gods*, as the plural always implies the singular, he yet claims very justly that the exclusive conception of monotheism as against polytheism could hardly have existed. Men simply thought of God as God, as a child thinks of its father, and does not even raise the question of a second.—See *Chips from a German Workshop*, vol. i., p. 349.]

[Footnote 137: St. Augustine, in quoting Cyprian, shows that the fathers of the Church looked upon

Plato as a monotheist. The passage is as follows: "For when he (Cyprian) speaks of the Magians, he says that the chief among them, Hostanes, maintains that the true God is invisible, and that true angels sit at His throne; and that Plato agrees with this and believes in one God, considering the others to be demons; and that Hermes Trismegistus also speaks of one God, and confesses that He is incomprehensible." Angus., *De Baptismo contra Donat.*, Lib. VI., Cap. XLIV.]

[Footnote 138: *The Aryan Witness*, passim.]

[Footnote 139: Aristotle said, "God, though He is one, has many names, because He is called according to the states into which He always enters anew."]

[Footnote 140: *The Religions of China*, p. 16.]

[Footnote 141: *The Religions of China*, p. 49.]

[Footnote 142: "In the year 1600 the Emperor of China declared in an edict that the Chinese should adore, not the material heavens, but the *Master* of heaven."—Cardinal Gibbons: *Our Christian Heritage.*]

[Footnote 143: Martin: *The Chinese*, p. 106.]

[Footnote 144: It has been related by Rev. Hudson Taylor that the fishermen of the Fukien Province, when a storm arises, pray to the goddess of the sea; but when that does not avail they throw all the idols aside and pray to the "Great-grandfather in Heaven." Father is a great conception to the Chinese mind.

Great-grandfather is higher still, and stands to them for the Supreme.]

[Footnote 145: *Science of Religion*, p. 86.]

[Footnote 146: *The Chinese*, p. 99.]

[Footnote 147: Other writers contend that he was probably contemporaneous with Abraham. Still others think Zoroaster a general name for great prophets. Darmestetter inclines to this view.]

[Footnote 148: *Chips from a German Workshop.*]

[Footnote 149: Archbishop Vaughn, of Sydney, emphatically declares that the aborigines of Australia believe in a Supreme Being.]

[Footnote 150: Rev. Mr. Johnson, of Lagos, has expressed a belief that the pagan tribes of West Africa were monotheists before the incursion of the Mohammedans. Rev. Alfred Marling, of Gaboon, bears the same testimony of the Fans.]

[Footnote 151: Rev. A.C. Thompson, D.D. *The Moravians*.

One of the early converts from among the Ojibwas, said to the missionary, Rev. S.G. Wright: "A great deal of your preaching I readily understand, especially what you say about our real characters. We Indians all know that it is wrong to lie, to steal, to be dishonest, to slander, to be covetous, and we always know that the Great Spirit hates all these things. All this we knew before we ever saw the white man. I knew these things when I was a little boy. We did not, however, know the way of pardon for these sins. In our religion there is nothing said by the wise men about pardon. We knew nothing of the Lord Jesus Christ as a Saviour."]

[Footnote 152: Professor Tiele, of Leyden, asserts that "It is altogether erroneous to regard the Egyptian religion as the polytheistic degeneration of a prehistoric monotheism. It was polytheistic from the beginning." But on one of the oldest of Egyptian monuments is found this hymn, which is quoted by Cardinal Gibbons in Our Christian Inheritance:

"Hail to thee, say all creatures; ...

The gods adore thy majesty,

The spirits thou has made exalt thee,

Rejoicing before the feet of their begetter.

They cry out welcome to thee,

Father of the fathers of all the gods,

Who raises the heavens, who fixes the earth;

We worship thy spirit who alone hast made us,

We whom thou hast made thank thee that thou hast given us birth, We give to thee praises for thy mercy toward us."]

[Footnote 153: *Modern Atheism*, p. 13.]

[Footnote 154: *Chips from a German Workshop*, vol. ii., pp. 146, 147.]

[Footnote 155: *Science of Religion*, Lecture III., p. 57.]

[Footnote 156: Acts xvii. 28.]

[Footnote 157: Prescott's *Conquest of Mexico*.]

[Footnote 158: Reville in his *Hibbert Lectures* on Mexican and Peruvian religions asserts that polytheism existed from the beginning, but our contention is that One God was supreme and created the sun.]

[Footnote 159: De Pressense: *The Ancient World and Christianity*.]

[Footnote 160: Bournouf found the Tantras so obscene that he refused to translate them.]

[Footnote 161: T. Rhys Davids: *Buddhism*, p. 208.]

[Footnote 162: *Report of Missionary Conference*, vol. i, p. 70.]

[Footnote 163: Buddhism, in the *Britannica*.]

[Footnote 164: Rev. S.G. Wright, long a missionary among the American Indians, says: "During the forty-six years in which I have been laboring among the Ojibway Indians, I have been more and more impressed with the evidence, showing itself in their language, that at some former time they have been in possession of much higher ideas of God's attributes, and of what constitutes true happiness, immortality, and virtue, as well as of the nature of the Devil and his influence in the world, than those which they now possess. The thing which early in our experience surprised us, and which has not ceased to impress us, is, that, with their present low conceptions of spiritual things, they could have chosen so lofty and spiritual a word for the Deity. The only satisfactory explanation seems to be that, at an early period of their history, they had higher and more correct ideas concerning God than those which they now possess, and that these have become, as the geologists would say, *fossilized* in their forms of speech, and so preserved."--Bibliotheca Sacra, October, 1889.]

[Footnote 165: *Modern Atheism*, p. 10.]

[Footnote 166: I. Kings, xiv., and II. Kings, xxiii.]

The Traces of a Primitive Monotheism Germany Version

In Bezug auf den Ursprung der Religion gibt es zwei gegensätzliche Theorien, die heute in Mode sind. Der erste ist der der christlichen Theisten, wie sie in den Schriften des Alten und Neuen Testaments gelehrt werden, d.h. dass die Menschheit in ihrer ersten Abstammung und wiederum in den wenigen Überlebenden der Sintflut das Wissen um den wahren Gott besaß. Es ist nicht notwendig anzunehmen, dass sie eine vollständige und reife Vorstellung von Ihm hatten oder dass diese Vorstellung die Vorstellung anderer Götter ausschloss. Niemand würde behaupten, dass Adam oder Noah die Natur des Unendlichen verstanden haben, wie sie in der Geschichte von Gottes Umgang mit den Menschen in späteren Zeiten offenbart wurde. Aber aus ihrer einfachen Anbetung eines einzigen Gottes kamen ihre Nachkommen allmählich, um verschiedene sichtbare Objekte anzubeten, mit denen sie ihre Segnungen verbanden - die Sonne als Quelle der Wärme und Vitalität, der Regen als Quelle, die der Erde eine beschleunigende Kraft verleiht, die Geister der Vorfahren, die sie mit besonderer Ehrfurcht ansahen, und schließlich eine große Vielfalt an Geschaffenem anstelle des unsichtbaren Schöpfers. Die andere Theorie ist, dass der Mensch, wie wir ihn jetzt sehen, von niedrigeren Formen des Tierlebens entwickelt wurde, indem er zuerst in den Zustand eines bloßen menschlichen Tieres aufstieg, aber allmählich Intellekt, Gewissen und schließlich eine Seele erwarb;-dass Ethik und Religion aus dem Instinkt durch sozialen Kontakt entwickelt wurden, besonders durch Bindungen der Familie und der Stammesbeziehung; dass der Altruismus, der mit der instinktiven Fürsorge der Eltern für ihre Nachkommen begann, in den höheren Bereich der Religion aufstieg und die Ansprüche der Gottheit zu erkennen begann; dass Gott, wenn es einen Gott gibt, sich dem Menschen nie mit übernatürlichen Mitteln offenbart hat, sondern dass große Seelen wie Mose, Jesaja und Platon durch ihre höhere und klarere Einsicht höhere und klarere Ansichten von der Gottheit gewonnen haben als andere, und dass Propheten und Lehrer ihren Mitmenschen ihre Inspirationen mitgeteilt haben. Allmählich haben sie Rituale gebildet und Philosophien ausgearbeitet und solche übernatürlichen Elemente hinzugefügt, wie es die unwissende Phantasie der Massen verlangen sollte.

Nach dieser Theorie sind die Religionen, wie alles andere auch, aus einfachen Keimen herangewachsen: und erst in den späteren Entwicklungsstadien kann man sagen, dass der Mensch ein religiöses Wesen ist. Während ein Tier nur und für eine Weile, selbst nachdem es zu einer unhöflichen und wilden Männlichkeit gelangt war, war ein Leben mit egoistischer Leidenschaft und Plünderung gerechtfertigt, denn nur so konnte das Überleben des Stärkeren gesichert und das Fortkommen der Rasse erreicht werden[125] Es ist fair zu sagen, dass es verschiedene Schattierungen der hier vorgestellten

Theorie gibt - einige materialistisch, einige theistisch, andere mit einem qualifizierten Theismus und wieder andere praktisch agnostisch. Einige, die sogar behaupten, Christen zu sein, betrachten die verschiedenen Religionen der Menschen als so viele Stufen in der göttlichen Erziehung der Rasse - alles unter der direkten Führung Gottes, und alle sind darauf ausgerichtet, letztendlich zum Christentum zu führen, das das Ziel ist.

Dass Gott alle Dinge verworfen hat, sogar die Irrtümer und die Bosheit der Menschen, denn ein weiser Gegenstand wird nicht verleugnet werden; dass Er dem menschlichen Verständnis viele richtige Vorstellungen von ethischer Wahrheit implantiert hat, so dass edle Prinzipien in den Lehren aller religiösen Systeme gefunden werden; dass Gott der Urheber aller Wahrheit und aller rechten Impulse ist, auch in heidnischen Köpfen, wird gerne zugegeben. Aber dass Er die nicht-christlichen Religionen direkt nach dem Prinzip geplant und ausgewählt hat, dass Halbwahrheiten und perverse Wahrheiten und die direkten Gegensätze der Wahrheit am besten an bestimmte Entwicklungsstufen angepasst waren - mit anderen Worten, dass Er jede Nation kausal in Irrtum und anschließende Zerstörung geführt hat, um für nachfolgende Generationen etwas Höheres und Besseres vorzubereiten, können wir nicht zugeben. Die Logik einer solchen Schlussfolgerung würde zu einem unerbittlichen Fatalismus führen. Alles würde von dem Alter und der Umgebung abhängen, in der man sein Los spielt. Wir können nicht glauben, dass Fetischismus und Götzendienst Gottes

Kindergartenmethode waren, um die menschliche Rasse für den höheren und spirituelleren Dienst an seinem Königreich zu trainieren.

Was ist das Zeugnis der tatsächlichen Geschichte der Religionen, wenn man sich vom Zeugnis der Schrift auf der einen Seite und den a priori Annahmen der Evolution auf der anderen Seite abwendet? Haben sie eine Aufwärts- oder Abwärtsentwicklung gezeigt? Wenn wir in der Lage sein werden, klare Beweise dafür zu erbringen, dass monotheistische oder gar henotheistische Glaubensformen unter allen oder fast allen Rassen am Anfang der Geschichte existierten, dann wird ein sehr wichtiger Punkt erreicht worden sein. Der verstorbene Dr. Henry B. Smith, der nach sorgfältiger Durchsicht von Ebrards ausführlicher Darstellung der Religionen der alten und modernen Welt und seiner klaren Beweise, dass sie zunächst immer monotheistisch gewesen waren und allmählich in verzweigte Formen des Polytheismus verfallen waren, sagt in seiner Rezension von Ebrards Werk: "Wir wissen nicht, wo wir eine gewichtigere Antwort auf die Annahmen und Theorien jener Schriftsteller finden können, die nach der anerkannten Hypothese einer rein naturalistischen Evolution behaupten, dass der primitive Zustand der Menschheit die niedrigste und entwürdigendste Form der polytheistischen Götzenverehrung sei und dass die höheren Religionen aus diesen Basis-Rudimenten entwickelt worden seien. Dr. Ebrard zeigt schlüssig, dass die Fakten alle zu einer weiteren Schlussfolgerung führen, dass die grobe Götzenverehrung eine Degeneration der

Menschheit aus früheren und reineren Formen der Religionsverehrung ist..... Er behandelt zuerst die zivilisierten Nationen der Antike, die arische und indische Religion, die Veden, die Inderzeit des Brahmanismus und des Buddhismus; dann die Religion der Iraner, die Ävesta der Parsen, dann die Griechen und Römer, die Ägypter, die Kanaaniter und die heidnischen semitischen Anbetungsformen, einschließlich der Phönizier, Assyrer und Babylonier. Seine zweite Abteilung widmet sich den halbzivilisierten und wilden Rassen im Norden und Westen Europas, in Asien und Polynesien (Tataren, Mongolen, Malaien und Kuschiter); dann den Rassen Amerikas, einschließlich einer minuziösen Untersuchung der Beziehungen der verschiedenen Rassen hier zu den Mongolen, Japanern und alten chinesischen Einwanderern"[127].

Ebrard selbst fasst die Ergebnisse dieser ausgedehnten Untersuchungen zusammen und sagt: "Wir konnten nirgendwo die geringste Spur einer Vorwärts- und Aufwärtsbewegung vom Fetischismus zum Polytheismus und davon wieder zu einer allmählich fortschreitenden Erkenntnis des einen Gottes entdecken; aber im Gegenteil, wir haben bei allen Völkern der heidnischen Welt eine höchst entschiedene Tendenz gefunden, von einer früheren und relativ reineren Erkenntnis Gottes zu einer niedrigeren zu sinken"[128].

Wenn diese Schlussfolgerungen, die von Ebrard getroffen und vom Gelehrten Dr. Henry B. Smith gebilligt wurden, richtig sind, sind sie von großer

Bedeutung; sie bringen das Zeugnis der falschen Religionen selbst zu einem Thema an den Pranger, bei dem historisches Zeugnis, das sich von bloßen Theorien unterscheidet, in unserer Zeit besonders gefragt ist. Von ähnlicher Bedeutung sind die wohlüberlegten Worte von Professor Naville in der ersten seiner Vorträge über den modernen Atheismus[129]: "Fast alle Heiden scheinen einen Blick auf die göttliche Einheit über die Vielfalt ihrer Götzen und auf die Strahlen der göttlichen Heiligkeit über die Saturnalien ihrer Olympiade geworfen zu haben. Es war ein Grieche (Cleanthus), der diese Worte schrieb: "Nichts ist auf der Erde geschehen ohne dich, o Gott, außer den Taten, die die Gottlosen in ihrer Torheit verüben. In einem Theater in Athen sang der Chor einer Tragödie vor mehr als zweitausend Jahren: Möge mir das Schicksal helfen, die Reinheit meiner Worte und all meiner Taten nach jenen erhabenen Gesetzen zu bewahren, die in den himmlischen Höhen den Raben allein für ihren Vater hervorgebracht haben, die die Rasse der Sterblichen nicht geboren hat und die das Vergessen niemals begraben wird. In ihnen ist ein höchster Gott, und einer, der nicht alt wird. Es wäre leicht, die Zitate dieses Ordens zu vervielfältigen und in den Dokumenten der griechischen und römischen Zivilisation zahlreiche Spuren der Erkenntnis des einzigen und heiligen Gottes zu zeigen."

Mit viel Sorgfalt hat Dr. William A.P. Martin von der Peking University gesagt: "Es ist üblich, dass in einer bestimmten Schule die Religion als Ergebnis eines intellektuellen Prozesses dargestellt wird. Es hatte seine Geburt, sagen wir, sie, in Unwissenheit, wird durch jede Phase des Fortschritts des Wissens verändert und erlischt, wenn das Licht der Philosophie seinen Mittag erreicht. Der Fetisch gibt Platz für eine Verkörperung der Kräfte der Natur, und dieses poetische Pantheon wird mit der Zeit durch die hohe Idee der Einheit in der Natur ersetzt, die durch den Monotheismus zum Ausdruck kommt. Diese Theorie hat den Vorzug der Wahrhaftigkeit. Es zeigt an, was der Prozess sein könnte, wenn der Mensch seine eigene Religion machen würde; aber es hat das Unglück, im Widerspruch zu den Tatsachen zu stehen. Ein weiter Überblick über die Geschichte der zivilisierten Nationen (und die Geschichte der anderen ist unerreichbar) zeigt, dass der eigentliche Prozess, den der menschliche Geist in seiner religiösen Entwicklung durchläuft, genau dem entgegengesetzt ist, was diese Theorie vermuten lässt; mit einem Wort, dass der Mensch nicht allein gelassen wurde, um sein eigenes Glaubensbekenntnis zu konstruieren, sondern dass seine fehlerhafte Logik immer aktiv war, wenn es darum ging, ein göttliches Original zu verdrehen und zu verdecken. Die Verbindung zwischen den religiösen Systemen der alten und fernen Länder stellt so manches schwer zu lösende Problem dar. Tatsächlich sind ihre Mythologien und religiösen Riten im Allgemeinen so unterschiedlich, dass sie die Hypothese eines unabhängigen Ursprungs zulassen; aber die Einfachheit ihrer frühesten Überzeugungen zeigt eine unverwechselbare Ähnlichkeit, die auf eine gemeinsame Quelle hinweist.

"China, Indien, Ägypten und Griechenland stimmen alle in der monotheistischen Form ihrer frühen Religion überein. Die orphischen Hymnen, lange vor dem Aufkommen der populären Gottheiten, feierten die Pantheos, den Universalen Gott. Die von Konfuzius zusammengestellten Oden zeugen von der frühen Verehrung von Shangte, dem Höchsten Euler. Die Veden sprechen von einem unbekannten wahren Wesen, allgegenwärtig, allmächtig; dem Schöpfer, Bewahrer und Zerstörer des Universums. Und in Ägypten, noch zur Zeit Plutarchs, gab es noch Überreste einer monotheistischen Verehrung. Die anderen Ägypter", sagt er, "opferten alle an den Gräbern der heiligen Tiere; aber die Bewohner der Thebaiden standen allein da, um keine solchen Opfergaben zu bringen, nicht als Gott alles zu betrachten, was sterben kann, und keinen Gott anzuerkennen, außer einem, den sie Kneph nennen, der keine Geburt hatte und keinen Tod haben kann. Abraham fand auf seinen Wanderungen den Gott seiner Väter, der in Salem, Gerar und Memphis bekannt und geehrt war; während an einem späteren Tag Jethro in Midian und Bileam in Mesopotamien Zeugen waren, dass die Erkenntnis Jehovas in diesen Ländern noch nicht ausgestorben war"[130].

Professor Max Mueller spricht in ähnlicher Weise über den Verfall der Menschheit von früheren und einfacheren Glaubensformen bis hin zu niedrigen und vielfältigen Aberglauben: "Wann immer wir eine

Religion bis zu ihrem ersten Anfang zurückverfolgen können", sagt der angesehene Oxford-Professor, "finden wir sie frei von vielen der Fehler, die uns in ihren späteren Phasen beleidigen. Die Gründer der alten Weltreligionen waren, soweit wir beurteilen können, Geister eines hohen Stempels, voller edler Bestrebungen, Sehnsucht nach Wahrheit, dem Wohlergehen ihrer Nachbarn gewidmet, Beispiele für Reinheit und Selbstlosigkeit. Was sie sich auf Erden wünschten, wurde nur selten verwirklicht, und ihre Sprüche, wenn sie in ihrer ursprünglichen Form erhalten blieben, boten oft einen seltsamen Kontrast zur Praxis derer, die sich als ihre Nachfolger ausgeben. Sobald eine Religion gegründet ist, und insbesondere wenn sie zur Religion eines mächtigen Staates geworden ist, greifen die fremden und weltlichen Elemente immer mehr in das ursprüngliche Fundament ein, und menschliche Interessen beeinträchtigen die Einfachheit und Reinheit des Plans, den der Gründer in seinem eigenen Herzen konzipiert und in seiner Gemeinschaft mit seinem Gott gereift hatte"[131].

Aber wenn wir unser Thema weiterverfolgen, sollten wir die eigentliche Frage, die vor uns liegt, klar festlegen. Wie viel können wir aus der Frühgeschichte der nicht-christlichen Systeme erwarten? Es ist nicht sicher, ob alle Nationen einst das Wissen um die alttestamentliche Offenbarung erhalten haben, wie einige behauptet haben, oder ob alle Rassen zu Beginn ihrer mehreren historischen Perioden ein und denselben monotheistischen Glauben besaßen. Wir können nicht aus nichtschriftlichen Quellen beweisen, dass ihre unterschiedlichen monotheistischen Vorstellungen aus einem gemeinsamen Glauben stammen. Wir können weder die übernatürliche Offenbarung, die Professor Max Müller entschieden ablehnt, noch die Identität der nahezu universellen Henotheismen, die er zu glauben bekennt, beweisen. Wir können nicht beweisen, dass die Anbetung eines einzigen Gottes als Oberster nicht mit einer Art Anbetung minderwertiger Gottheiten oder dienender Geister koexistierte. Fast in der Regel ist die Anbetung von Vorfahren oder Geistern oder Herrschern oder die Kräfte der Natur oder sogar Totems und Fetische der Anbetung der einen höchsten Gottheit untergeordnet, die alle Dinge erschaffen und bewahrt hat. Sogar der Monotheismus des Judentums und des Christentums wurde mit dem Glauben an Engel und der Anbetung von Fürsprecherheiligen begleitet, ganz zu schweigen von den vielen Aberglauben, die unter den ignoranteren Klassen vorherrschen. Wir werden nur versuchen zu zeigen, dass der Monotheismus, im Sinne der Anbetung *eines einzigen Gottes als höchster Gott*, in fast allen frühen Lehren der Welt zu finden ist. Dass diese groben Religionen einen Ursprung haben, ist nur anzunehmen, wenn wir das Zeugnis der Bibel aus dem Bericht herauslassen.

Wenn wir an einem Sommernachmittag große Lichtschächte hinter einer Wolke, die entlang des Westhorizonts liegt, auftauchen und sich fächerförmig ausbreiten sehen, haben wir die starke Vermutung, dass sie alle aus einer großen Koryphäe entspringen, auf die sie sich zubewegen, obwohl diese Koryphäe vor unserer Sicht verborgen ist. Wenn wir also die Konvergenz heidnischer Religionen in Bezug auf einen einzigen ursprünglichen Monotheismus bis zu dem Punkt verfolgen, an dem die prähistorische Dunkelheit beginnt, können wir nach dem gleichen Prinzip sagen, dass alle Beweise in diesem Fall, und er ist nicht klein, auf einen gemeinsamen Ursprung für die frühen religiösen Vorstellungen der Menschheit hinweisen.

Professor Robert Flint scheint in seinem wissenschaftlichen Artikel über den Theismus in "The Britannica" die Vorstellung zu verwerfen, dass die erste Religion der Menschheit der Monotheismus war; aber eine sorgfältige Untersuchung seiner Position wird zeigen, dass er im Blick auf die uns gemeinsamen Vorstellungen vom Monotheismus oder, wie er es ausdrückt, vom "Monotheismus im gewöhnlichen oder richtigen Sinne des Wortes", vom "Monotheismus richtig so genannt", vom "Monotheismus, der den Polytheismus ausschließt", etc. hat. Außerdem behauptet er, dass wir aus historischen Quellen nicht erfahren können, welche Vorstellungen die Menschen von Gott zuerst hatten. Selbst wenn er von der alttestamentlichen Aufzeichnung spricht, sagt er: "Diese Kapitel (der Genesis), obwohl sie eindeutig den Monotheismus lehren und den Gott repräsentieren, dessen Worte und Taten in der Bibel als kein bloßer nationaler Gott, sondern als der einzig wahre Gott festgehalten werden, lehren sie nicht, was allein in der Frage steht - es gab einen primitiven Monotheismus, einen von

Anfang an offenbarten und bekannten Monotheismus. Sie geben keine Garantie für die gemeinsame Annahme, dass Gott Adam, Noah und anderen vor der Sintflut den Monotheismus offenbart hat und dass die Spuren monotheistischer Überzeugungen und Tendenzen im Heidentum aus der Tradition dieses primitiven und vordiluanischen Monotheismus abgeleitet werden können. Der eine wahre Gott wird dadurch dargestellt, dass er sich durch besondere Worte und auf besondere Weise Adam gegenüber bekannt macht, aber nirgendwo soll er ihn gelehrt haben, dass er nur Gott war". Es ist offensichtlich, dass es sich bei Professor Flint um eine Konzeption des Monotheismus handelt, die alle anderen Götter ausschließt. Und seine Ansicht ist zweifellos richtig, was Adam betrifft. Es war nicht mehr nötig, ihn zu lehren, dass sein Gott der einzige Gott war, als dass Eva die einzige Frau war. Bei Noah ist der Fall nicht so eindeutig. Zweifellos verehrte er Gott inmitten des polytheistischen Heidentums. Henoch hatte wahrscheinlich ein ähnliches Umfeld, und es gibt keinen guten Grund anzunehmen, dass ihr Monotheismus nicht so exklusiv gewesen sein könnte wie der von Abraham. Aber in Bezug auf die heidnischen Nationen sind die schwachen Spuren dieses Monismus oder Henotheismus, die Professor Flint offenbar Adam und Noah zu entsprechen scheint, alles, wofür wir kämpfen, und alles, was für das Argument dieses Vortrags notwendig ist. Wir können sogar zugeben, dass heidnische Gottheiten manchmal mit unterschiedlichen Namen genannt wurden, während die eine Machtquelle beabsichtigt war. Verschiedene Namen scheinen verwendet worden zu sein, um verschiedene Erscheinungsformen des einen Gottes des Alten Testaments gemäß seinen unterschiedlichen Beziehungen zu seinem Volk darzustellen. Es gibt diejenigen, die diese Polyonomie, wie Max Müller es genannt hat, leugnen und behaupten, dass die Namen im frühesten Veda unterschiedliche Gottheiten darstellten; aber Professor Tiele und andere bestehen aus ähnlichen Überlegungen darauf, dass drei verschiedene hebräische Götter, entsprechend ihren jeweiligen Namen, in verschiedenen Perioden der jüdischen Geschichte verehrt wurden. Es scheint daher durchaus möglich, dass eine zu restriktive Definition des Monotheismus zu viel beweisen könnte, indem sie den Weg für die Behauptung öffnet, dass selbst der jüdische und christliche Glaube mit seinen alttestamentlichen Namen Gottes, seinen Engeln, seinen Theophanien und seiner voll entwickelten Dreieinigkeit nicht streng monotheistisch ist. Für unseren gegenwärtigen Zweck sind Spuren der Anbetung eines höchsten Gottes - nennen wir es Monotheismus oder Henotheismus - alles, was erforderlich ist.

Mit Blick auf diese Einschränkungen und Qualifikationen wenden wir uns der Geschichte einiger der führenden nicht-christlichen Religionen zu. Wenn wir zuerst nach Indien schauen, finden wir in der 129. Hymne der Rig Veda eine Passage, die nicht nur die Vorstellung von einem einzigen höchsten und selbst existierenden Wesen darstellt, sondern gleichzeitig eine große Ähnlichkeit mit unserem eigenen Bericht über die Schöpfung aus dem Chaos aufweist. Es lautet also:

"Am Anfang gab es weder nichts noch gar nichts.

Dann gab es weder Atmosphäre noch Himmel über uns, es gab weder Tod noch Unsterblichkeit, es gab weder Tag noch Nacht, noch Licht noch Dunkelheit, nur der Existierende atmete ruhig und in sich geschlossen. Nichts anderes als Er war da, nichts anderes über, jenseits.

Dann kam zuerst die Dunkelheit, die sich in der Dunkelheit verbarg, die Dunkelheit, die Dunkelheit;

Als nächstes war alles Wasser, Chaos unbestimmt,

In dem EINE Lücke lag, eingehüllt in das Nichts."[132]

In der 121. Hymne desselben Vedas tritt eine Passage auf, die der Öffnung des Johannesevangeliums zu ähneln scheint. Es lautet also, wie von Sir Monier Williams übersetzt:

"Er lasst uns loben, das goldene Kind, das am Anfang war, das der Herr geboren wurde, das die Erde gemacht und den Himmel geformt hat."

"Der einsgeborene Herr" erinnert uns an den neutestamentlichen Ausdruck, "der einzige gezeugte Sohn". Beide waren "am Anfang", beide waren die Schöpfer der Welt. Während es in diesen Referenzen vieles gibt, was geheimnisvoll ist, ist die Vorstellung von Einheit und Überlegenheit zu deutlich, um sich zu irren. Professor Max Mueller hat diese Tatsache gut zum Ausdruck gebracht, als er sagte: "Es gibt einen Monotheismus, der dem Polytheismus im Veda vorausgeht; und selbst in der Anrufung ihrer (minderwertigen) Götter bricht die Erinnerung an *einen* Gott, eins und unendlich, durch den Nebel einer idolatrischen Phraseologie wie des blauen Himmels, der durch vorbeiziehende Wolken verborgen ist."[133] Diese monotheistischen Vorstellungen scheinen den Arier vor ihrer Verlegung aus ihrer frühen Heimat in der Nähe der Quellen des Oxus gemeinsam gewesen zu sein, und wir werden weiter sehen, dass sie in der einen oder anderen Form zwischen allen Zweigen der wandernden Rasse überlebt haben. Derselbe angesehene Gelehrte zeichnet die frühe Existenz des Monotheismus in einer Reihe von kurzen und schnellen Hinweisen auf fast alle verstreuten Arier nicht nur, sondern auch auf die Turaner im Norden und Osten, auf die Stämme der Tungus, Mongolen, Weinberge und Finnen nach. "Überall", sagt er, "finden wir eine Anbetung der Natur und der Geister der Verstorbenen, aber hinter all dem steht der Glaube an eine höhere Macht, die von verschiedenen Namen genannt wird, die Schöpfer und Beschützer der Welt ist und immer im Himmel wohnt."[134] Er spricht auch von einem alten afrikanischen Glauben, der zusammen mit seiner Verehrung von Reptilien und Vorfahren eine vage Hoffnung auf ein zukünftiges Leben und eine nicht ganz verblasste Erinnerung an einen höchsten Gott" zeigte, was sicherlich eine Vorkenntnis voraussetzt[135].

Die gleiche Prävalenz einer einzigen höchsten Anbetung, die sich über alle Götzenverehrung erhebt, verfolgt er zwischen den verschiedenen Stämmen der Pazifikinseln. Seine Verallgemeinerungen sind nur zweitrangig hinter denen von Ebrard. Obwohl er die Theorie einer übernatürlichen Offenbarung ablehnt, konnte doch kaum eine stärkere Sprache verwendet werden als die, die er zum Beweis eines universellen monotheistischen Glaubens einsetzt[136] "Nirgendwo", sagt er, "finden wir stärkere Argumente gegen den Götzendienst, nirgendwo wurde die Einheit Gottes energischer gegen die Fehler des Polytheismus verteidigt als von einigen der alten Weisen Indiens. Selbst in dem ältesten der heiligen Bücher, der Rig Veda, die vor drei oder viertausend Jahren komponiert wurde, finden wir Hymnen, die an die verschiedenen Gottheiten des Himmels, der Luft, der Erde, der Flüsse gerichtet sind, der Protest des menschlichen Herzens gegen viele Götter bricht von Zeit zu Zeit ohne ungewissen Ton aus." Die ganze Position von Professor Müller ist in seinem ersten Vortrag über "Die Wissenschaft der Religion" ziemlich klar formuliert, in dem er gegen die Idee protestiert, die Gott dem Menschen einst "eine *übernatürliche* Offenbarung" über sich selbst gegeben hat; und doch gibt er in diesem Vortrag dieses eindrucksvolle Zeugnis der Lehre eines frühen und vorherrschenden monotheistischen Glaubens ab:

"Ist es nicht etwas Wissenswertes", sagt er, "das auch für uns nach vier- oder fünftausend Jahren noch wissenswert ist, dass vor der Trennung der arischen

Rasse, vor der Existenz von Sanskrit, Griechisch oder Latein, bevor die Götter der Veden verehrt wurden, und bevor es ein Heiligtum des Zeus unter den heiligen Eichen von Dodona gab, war eine Höchste Gottheit gefunden, benannt, von den Vorfahren unserer Rasse angerufen und von einem Namen angerufen worden, der nie von einem anderen Namen übertroffen worden ist?" Und wieder, zum gleichen Thema, sagt er: "Wenn eine kritische Auseinandersetzung mit der alten Sprache der Juden zu keinen schlechteren Ergebnissen führt als diejenigen, die aus einer sorgfältigen Interpretation der versteinerten Sprache des alten Indiens und Griechenlands hervorgegangen sind, brauchen wir keine Angst zu haben; wir werden Gewinner und nicht Verlierer sein. Wie eine alte kostbare Medaille wird die alte Religion, nachdem der Rost der Zeitalter entfernt wurde, in all ihrer Reinheit und Helligkeit zum Vorschein kommen; und das Bild, das sie offenbart, wird das Bild des Vaters sein, des Vaters aller Nationen auf Erden; und die Überschrift, wenn wir sie wieder lesen können, wird nicht nur in Judäa, sondern auch in den Sprachen aller Völker der Welt, das Wort Gottes, offenbart werden, wo sie allein im Herzen des Menschen offenbart werden kann"[137].

Der verstorbene Professor Banergea aus Kalkutta hat in einer Publikation mit dem Titel "The Aryan Witness" nicht nur die Existenz des Monotheismus in den frühen Veden aufrechterhalten, sondern mit seinem seltenen Wissen über Sanskrit und verwandte Sprachen auch viele Beweise für einen allen Ariern gemeinsamen Monotheismus aus iranischen und hinduistischen Quellen gesammelt. Seine Schlussfolgerungen leiten besonderen Wert aus der Tatsache ab, dass er eine hohe Kaste Hindu war und nicht nur in der heiligen Sprache gut versiert war, sondern auch mit den hinduistischen Traditionen und Denkweisen bestens vertraut war. Er war ebenso qualifiziert, über den frühen Hinduismus zu urteilen wie Paulus über das Judentum, und das aus dem gleichen Grund. Und von seinem hinduistischen Standpunkt aus, als Pharisäer der Pharisäer, obwohl er danach ein christlicher Bekehrter war, zögerte er nicht, seinen Glauben zu erklären, nicht nur, dass der frühe vedische Glaube monotheistisch war, sondern dass er Spuren dieser wahren Offenbarung enthielt, die einst den Menschen gemacht wurde[138].

In der gleichen Linie finden wir das Zeugnis der verschiedenen Arten des wiederbelebten Aryanismus unserer Zeit. Die Brahmo Somaj, die Arya Somaj und andere ähnliche Organisationen sind nicht nur alle monotheistisch, sondern erklären auch, dass der Monotheismus die Religion der frühen Veden war. Und viele andere hinduistische Reformen, von denen einige bis ins zwölfte Jahrhundert zurückreichen, waren so viele Rückkehr zum Monotheismus. Ein kürzlich von Ganeshi veröffentlichter Arya-Katechismus behauptet in seinem ersten Artikel, dass es einen einzigen Gott gibt, allmächtig, unendlich und ewig. Es geht weiter, um zu zeigen, dass die Veden nur eins sind, und dass, wenn Hymnen an Agni, Vayu, Indra usw. gerichtet wurden, es nur eine

Verwendung verschiedener Namen für ein und dasselbe Wesen war.

Es stellt Gott dar, dass er alle Attribute der höchsten Gottheit hat. Er schuf die Welt durch Seine direkte Macht und zur Offenbarung Seiner Herrlichkeit an Seine Geschöpfe. Der Mensch, so die Aryas, kam weder durch Evolution noch durch einen der der hinduistischen Philosophie bekannten Prozesse, sondern durch direkte Schöpfung aus bestehenden Atomen.

In all dem ist es leicht zu erkennen, dass der christlichen Vorstellung von Gottes Charakter und Attributen viel entlehnt wurde, aber der Wert dieses arischen Zeugnisses liegt in der Tatsache, dass es für die alten Veden einen klaren und positiven Monotheismus beansprucht.

Wenn wir die heiligen Bücher Chinas konsultieren, werden wir dort auch viele Spuren eines alten Glaubens finden, der sowohl dem Konfuzianismus als auch dem Taouismus vorausgeht. Das goldene Zeitalter der Vergangenheit, in das alle chinesischen Weisen mit Ehrfurcht schauen, war die Dynastie von Yao und Shun, die achtzehn Jahrhunderte früher war als die Periode von Konfuzius und Laotze. Die Aufzeichnungen des Schukönigs, die Konfuzius zusammengestellt hat und aus denen sein Agnostizismus leider fast alle seine ursprünglichen Bezüge zur Religion ausschloss, behalten dennoch eine vollständige Darstellung bestimmter heiliger Riten, die Shun bei seinem Eintritt in die volle Reichsmacht vollbracht hat. In diesen Riten wird die

Anbetung des Einen Gottes als Oberstes deutlich als "üblicher Dienst" dargelegt, was bedeutet, dass sie bereits seit langem etabliert ist. Separat erwähnt werden auch Opfergaben für minderwertige Gottheiten, als ob diese in seiner eigenen Sonderinstanz geehrt würden. Es ist zweifellos wahr, dass in China, und zwar in allen Ländern, fast aus dem ersten eine Tendenz zur Anbetung oder zumindest zur Angst vor unsichtbaren Geistern entstanden ist. Diese Tendenz hat mit allen Religionen der Welt - auch mit der alttestamentlichen Kultur - und sogar mit dem Christentum koexistiert. Zu den erregten Vorstellungen der Menschen, insbesondere der unwissenden Klassen, war die Welt schon immer eine verfluchte Welt, und gerade in dem Maße, in dem das Licht der wahren Religion schwach geworden ist, sind unzählige Horden von Geistern und Dämonen erschienen. Als Konfuzius auftauchte, hatte dieser grobe Animismus die Verehrung seiner Landsleute fast monopolisiert, und die allgemeine Korruption herrschte. Er war kein origineller Denker, sondern nur ein Sammler der alten Weisheit, und in seiner Auswahl aus den Traditionen der Ältesten kompilierte er nur jene Dinge, die seinem großen Zweck dienten, aus den Beziehungen von Familie und Verwandten die komplette Pyramide eines geordneten Zustandes aufzubauen, in dem der Kaiser seinen Untertanen den Platz der Gottheit halten sollte. Wenn eine solche Ehre für einen Sterblichen extravagant erschien, so war seiner Ansicht nach ein weiser Kaiser doch viel mehr Ehrfurcht wert als die imaginären Geister des populären Aberglaubens.

Doch selbst Konfuzius konnte es nicht ganz gelingen, die Idee der göttlichen Hilfe zu verbannen, noch konnte er jene höhere und ehrwürdigste Anbetung zerstören, die jemals inmitten all der Korruptionen des Polytheismus überlebt hat. Professor Legge aus Oxford hat aus seiner Sicht gültige Sprachnachweise angeführt, dass es in einer noch früheren Zeit als der Dynastie von Yao und Shun in China die Anbetung eines einzigen Gottes gab. Er sagt: "Vor fünftausend Jahren waren die Chinesen Monotheisten - keine Henotheisten, sondern Monotheisten" - obwohl er hinzufügt, dass es schon damals einen ständigen Kampf mit Naturverehrung und Wahrsagerei gab[140].

Die gleiche hohe Autorität zitiert ein bemerkenswertes Gebet eines Kaisers der Ming-Dynastie (1538 n. Chr.), um zu zeigen, dass Shangte trotz der Agnostik und Zurückhaltung des Konfuzius in den Jahrhunderten, die seiner Zeit folgten, verehrt worden ist. Das Gebet ist sehr bedeutsam, um zu zeigen, wie der Eine Höchste Gott in Bezug auf die untergeordneten Götter steht, die der Polytheismus eingeführt hat. Der Kaiser war im Begriff, eine geringfügige Änderung des Namens von Shangte zu verfügen, der in der kaiserlichen Anbetung verwendet werden sollte. Zuerst wandte er sich an die Geister der Hügel, Flüsse und Meere und bat sie, mit Shangte für ihn einzutreten. "Wir werden dich bemühen", sagte er, "in unserem Namen, deine spirituelle Kraft auszuüben und deine kraftvolle Wirksamkeit zu zeigen, unsere armen Wünsche Shangte mitzuteilen und ihn gnädig zu bitten, uns seine Annahme und

Wertschätzung zu gewähren und mit dem Titel zufrieden zu sein, den wir ehrfürchtig präsentieren werden." Aber ganz anders war die Sprache, als er kam, um Shangte selbst anzusprechen. "Von alt, am Anfang", begann er, --"Von alt, am Anfang, da war das große Chaos ohne Form und dunkel. Die fünf Elemente hatten noch nicht begonnen, sich zu drehen, noch leuchteten Sonne und Mond. Inmitten davon präsentierte sich weder Form noch Klang. Du, o geistlicher Souverän! ernsthaft in deiner Präsidentschaft, und zuerst hast du die groberen Teile von den reineren getrennt. Du verrückter Himmel: Du verrückte Erde:

Du bist der Wahnsinnigste. Alle Dinge bekamen ihr Sein mit ihrer produzierenden Kraft. O Te, als Du den Kurs für die inaktiven und aktiven Kräfte der Materie geöffnet hattest, um zu wirken, ging Deine Arbeit weiter. Du hast produziert, o Geist, die Sonne und der Mond und fünf Planeten, und rein und schön war ihr Licht. Das Gewölbe des Himmels war wie ein Vorhang ausgebreitet, und die quadratische Erde stützte alles auf ihr, und alle Geschöpfe waren glücklich. Ich, dein Diener, vermute ehrfürchtig, dir zu danken." Weiter unten sagt er: "Alle zahlreichen Stämme von animierten Wesen sind Deiner Gunst für ihr Wesen verpflichtet. Menschen und Geschöpfe werden in Deiner Liebe emparadisiert. Alle Lebewesen sind Deiner Güte verpflichtet. Aber wer weiß, woher sein Segen kommt? Du bist es, o Herr, der die Mutter aller Dinge ist." (141)

Sicherlich wäre dieses Gebet, das ein Monarch demütig darbringt, unter den Psalmen Davids nicht sehr fehl am Platz. Seine Beschreibung des urzeitlichen Chaos ähnelt auffallend dem, was ich aus dem Rig Veda zitiert habe, und beide ähneln der der mosaischen Aufzeichnung. Wenn die verwendete Sprache nicht die klare Vorstellung von einem Gott, dem Schöpfer und Erhalter aller Dinge, und einem höchsten und persönlichen Souverän über Könige und sogar "Götter" darstellt, dann hat Sprache keine Bedeutung. Die monotheistische Auffassung der zweiten Bitte unterscheidet sich vom Polytheismus der ersten, wie jedes Gebet zu Jehova vom Gebet eines römisch-katholischen Fürbitters für die Heiligen; und es gibt kein stärkeres Argument in dem einen Fall gegen den Monotheismus als in dem anderen. Dr. Legge behauptet, dass sowohl im Shu-König als auch im Schütteln, "Te" oder "Shangte", als ein persönliches Wesen erscheint, das im Himmel und auf der Erde regiert, der Autor der moralischen Natur des Menschen, der Gouverneur unter den Nationen, der Belohner des Guten und der Bestrafer des Bösen[142] Es gibt Beweise dafür, dass Konfuzius, obwohl er in seiner Position in Bezug auf Gott der Lehre der alten Weisen hinterherhinkt, dennoch an die Existenz von Shangte als persönliches Wesen glaubte. Als er im hohen Alter seine Schriften fertiggestellt hatte, legte er sie auf einen Altar auf einen bestimmten Hügel und kniend vor dem Altar kehrte er zurück, dank der Tatsache, dass er für die Vollendung seines Werkes verschont geblieben war[143], sagt Max Mueller über ihn: "Aus vielen

Passagen geht hervor, dass mit Konfuzius, Tien oder dem Geist des Himmels die höchste Gottheit war und dass er auf die anderen Götter des Volkes blickte - die Geister der Luft, der Berge und Flüsse,[144] und die Geister der Verstorbenen, sehr wohl mit dem gleichen Gefühl, mit dem Sokrates die mythologischen Gottheiten Griechenlands betrachtete"[145].

Aber es bleibt bis heute ein bemerkenswerter Beweis für die Anbetung des höchsten Gottes Shangte, wie er in den Tagen des Kaisers Shun, 2356 v. Chr., verehrt wurde. Er befindet sich im großen Himmelstempel in Peking. Dr. Martin und die Professoren Legge und Douglas bestehen alle darauf, dass die dort gefeierten Opfer Relikte der alten Verehrung eines höchsten Gottes sind. China ist voll von den Spuren des Polytheismus; das Land schwärmt von taouistischen Gottheiten aller Namen und Funktionen, von konfuzianischen und angestammten Tafeln, von buddhistischen Tempeln und Dagobas; aber innerhalb der heiligen Umfriedung dieses Tempels erscheint kein Symbol des Heidentums. Vom kaiserlichen August-Dienst spricht Dr. Martin so beredt:[146] "Innerhalb der Tore der südlichen Teilung der Hauptstadt und umgeben von einem heiligen Hain, der so weitläufig ist, dass die Stille seiner tiefen Schattierungen nie durch den Lärm der geschäftigen Welt um ihn herum unterbrochen wird, steht der Tempel des Himmels. Es besteht aus einem einzigen Turm, dessen azurblaue Fliesen die Form und Farbe des Luftgewölbes darstellen sollen. Es enthält kein Bild; aber auf einem Marmoraltar wird einmal im

Jahr ein Ochse als Brandopfer dargebracht, während sich der Monarch des Reiches in Anbetung des Geistes des Universums niederwirft. Dies ist der Höhepunkt der chinesischen Hingabe, und der aufmerksame Besucher meint, dass er seine Höfe mit ungeschliffenen Füßen betreten sollte, denn hier ist keine vulgäre Götzenverehrung eingetreten. Dieser Berggipfel steht noch immer über den Wellen der Verderbnis, und auf diesem einsamen Altar ruht noch ein schwacher Strahl seines Urglaubens. Die Tafel, die die unsichtbare Gottheit darstellt, ist mit dem Namen Shangte, dem Obersten Herrscher, bezeichnet, und wenn wir die Majestät des Reiches vor ihm betrachten, während der Rauch von seinem brennenden Opfer aufsteigt, werden unsere Gedanken unwiderstehlich in die Zeit zurückversetzt, als der König von Salem als Priester des Allerhöchsten Gottes amtierte. Es gibt", fügt er hinzu, "keine Notwendigkeit eines erweiterten Arguments, um die Tatsache festzustellen, dass die frühen Chinesen keineswegs mittellos waren, was die Kenntnis des wahren Gottes betrifft". Dr. Legge, der gelernte Übersetzer der chinesischen Klassiker, teilt die hier geäußerten Ansichten so sehr, dass er seine Schuhe von den Füßen zog, bevor er den großen Altar bestieg, und fühlte, dass inmitten all der Nebel und Dunkelheit des nationalen Aberglaubens eine Spur von der Herrlichkeit des Unendlichen Jehovas dort verweilte. Und in vielen Diskussionen, da er fest behauptet hat, dass das in schwacher Weise ein Altar des wahren und lebendigen Gottes ist.

Laotze war, wie Konfuzius, agnostisch; doch er konnte sich nicht ganz vom Einfluss des alten Glaubens befreien. Seine Auffassung von Taou oder Vernunft war sicherlich rationalistisch, aber er hat sie mit allen Attributen der Persönlichkeit ausgestattet, da das Wort "Weisheit" im Alten Testament manchmal verwendet wird. Er sprach von ihm als "Der Unendliche Höchste", "Der Erste Anfang" und "Das Große Original". Dr. Medhurst hat aus dem "Taou Teh King" dieses markante taouistische Gebet übersetzt: "O du hast einen von Himmel und Erde, den Felsen, den Ursprung unzähliger Energien, den großen Verwalter der grenzenlosen Kalpas, vollkommen geehrt, erleuchtest Du meine geistigen Vorstellungen. Innerhalb und außerhalb der drei Welten ist der Logos, oder göttlicher Taou, allein ehrenhaft und verkörpert in sich selbst ein goldenes Licht. Möge er meine Person überspannen und erhellen. Derjenige, den wir nicht mit dem Auge sehen oder mit dem Ohr hören können, der Himmel und Erde umarmt und einschließt, möge er die Menge der Lebewesen nähren und unterstützen."

Wenden wir uns der Religion des iranischen oder persischen Zweiges der arischen Familie zu, so finden wir unter ihnen auch die Spuren eines primitiven Monotheismus; und dass er nicht aus semitischen Quellen entlehnt wurde, durch die Nachkommen Abrahams oder andere, hat Ebrard im zweiten Band seiner "Apologetik" deutlich gezeigt. Max Müller bewahrt auch die Identität des iranischen Glaubens mit der der Indo-Arier. Die allerersten Hinweise auf die Religion der Avesta stellen sie als monotheistisch dar. Ahura Mazda, selbst wenn es von Ahriman entgegengesetzt wird, ist der höchste, und in den ältesten Hymnen oder Gathas der Yasna erscheint Ahriman nicht; es gibt Hinweise auf böse Wesen, aber sie haben keinen gewaltigen Kopf; der persische Dualismus war daher von späterem Wachstum. Zoroaster, den Monier Williams zum Ende des sechsten Jahrhunderts v. Chr. zuweist,[147] spricht von sich selbst als Reformer, der geschickt wurde, um die reine Anbetung Ahuras wiederherzustellen, und Haug betrachtet die Auffassung von Ahura als identisch mit der von Jehova. Hoch auf einem felsigen Abgrund bei Behistun hat Rawlinson eine Inschrift entziffert, die behauptet, von Darius Hystaspes bestellt worden zu sein, der 500 v. Chr. lebte, was so eindeutig monotheistisch ist wie das Lied des Moses. Das Vendidad, von dem Rawlinson annimmt, dass es 800 Jahre v. Chr. komponiert wurde, ist voll von Hinweisen auf kleinere Götter, aber Ahura ist immer das Allerhöchste. Die modernen Parsees von Bombay behaupten, monotheistisch zu sein, und erklären, dass dies von Anfang an der Glaube ihrer Väter war.

Ein vor 25 Jahren in Bombay veröffentlichter parsischer Katechismus lautet so:

"Wir glauben nur an einen Gott und glauben nicht an einen anderen als Ihn...., Er ist der Gott, der die Himmel, die Erde, die Engel, die Sterne, die Sonne, den Mond, das Feuer, das Wasser,.... und alle Dinge der Welt erschaffen hat; an den Gott, an den wir glauben, den wir anrufen, den wir anbeten." Und damit dies nicht ein moderner Glaube sein soll, erklärt das Bekenntnis weiter: "Das ist die Religion, die der wahre Prophet Zurthust oder Zoroaster von Gott gebracht hat".

Die japanischen Schintoisten glauben nach ihrem heiligen Buch, dem "Kojiki", an einen selbst existierenden und höchsten Gott, von dem andere ausgegangen sind. Aus zwei von ihnen, männlich und weiblich, entsprang die Göttin der Sonne und aus ihr die königliche Linie der Mikados. Es gab keine Schöpfung, aber die beiden aktiven Emanationen rührten das ewig bestehende Chaos an, bis aus ihm die wimmelnde Welt des tierischen und pflanzlichen Lebens hervorging.

Es wurde oft behauptet, dass Menschenstämme gefunden werden, die keine Vorstellung von Gott haben. Der Autor von "Two Years in the Jungle" erklärt, dass die Hügeldyaks von Borneo keine Ahnung von einem göttlichen Wesen haben. Aber einem Regierungsbeamten, der zwei Jahre lang Gast von Rajah Brooke war, gelang es nach langer Zeit, einen Schlüssel zur Religion dieser Dyeaks zu erlangen. Er gibt den Namen eines Höchsten Wesens unter den untergeordneten Göttern und beschreibt minutiös die Formen der Anbetung. Professor Max Mueller verweist auf die gleiche oft wiederholte Behauptung, die bei den Ureinwohnern Australiens aufgestellt wurde, zitiert aber einen von Sir Hercules Robinson's Reports on New South Wales, der diese Beschreibung des einzigartigen Glaubens eines der niedrigsten inneren Stämme enthält:[148] Zunächst wird ein Wesen erwähnt, das der höchste ist und dessen Name den "Hersteller oder Ausstecher" bezeichnet, und das daher als der große Autor aller Dinge verehrt wird. Aber da dieser höchste Gott unergründlich und weit entfernt sein soll, wird eine zweite Gottheit genannt, die der *Offenbarer* des Ersten und sein Mittler in allen Angelegenheiten der Menschen ist[149].

Rev. A.C. Good, heute Missionar unter den Kannibalenstämmen Westafrikas, erklärte auf der Presbyterianischen Generalversammlung in Saratoga im Mai 1890, dass er bei all den Fetischen und Aberglauben, die unter den Stämmen auf dem Ogovie bekannt sind,, wenn ein Mann gefragt wird, wer ihn gemacht hat, auf den Himmel zeigt und den Namen eines unbekannten Wesens sagt, das alles geschaffen hat.Als Tschoop, der unerschütterliche Häuptling der Mohikaner, zu den Mährern kam, um zu bitten, einen Missionar zu seinem Volk zu schicken, sagte er: "Schickt uns keinen Menschen, um uns zu sagen, dass es einen Gott gibt - das wissen wir alle; oder dass wir Sünder sind - das wissen wir alle; sondern schickt einen, um uns von der Erlösung zu erzählen"[151] Auch der Buddhismus ist dem Atheismus seines Gründers nicht treu geblieben. Ein thibetischer Lama sagte zu Abbe Huc: "Du darfst religiöse Wahrheiten nicht mit dem Aberglauben der Vulgären verwechseln. Die Tataren werfen sich vor allem nieder, was sie sehen, aber es gibt einen einzigen Herrscher des Universums, den Schöpfer aller Dinge, gleichermaßen ohne Anfang und ohne Ende."

Aber was ist das Zeugnis der großen toten Religionen der Vergangenheit in Bezug auf einen primitiven Monotheismus? Es wird zugegeben, dass die späteren Entwicklungen des altägyptischen Glaubens polytheistisch waren. Aber es wurde allgemein eingeräumt, dass, wenn wir uns den frühesten Erkenntnissen dieses Glaubens nähern, immer mehr monotheistische Merkmale vorherrschen. Diese Position wird von Frau Amelia B. Edwards und anderen bestritten, die sich der Entwicklungstheorie zuwenden. Miss Edwards erklärt, dass der früheste Glaube Ägyptens nur Totemismus war, während Ebrard, der die Ergebnisse der Forschungen von Lepsius, Ebers, Brugsch und Emanuel de Rouge zusammenfasst, auf klare Beweise für einen frühen ägyptischen Monotheismus schließen lässt. Er zitiert Manetho, der erklärt, dass "in den ersten neuntausend Jahren der Gott Ptah allein regierte, es gab keinen anderen." Nach den von De Rouge zitierten Inschriften verehrten die Ägypter in der Urzeit "das Wesen, das wirklich lebt, das alle Dinge geschaffen hat und das allein nicht geschaffen wurde". Dieser eine Gott war in verschiedenen Teilen Ägyptens unter verschiedenen Namen bekannt, die erst in späteren Zeiten für verschiedene Wesen standen. Ein Text, der zu einem Zeitraum von fünfzehnhundert Jahren vor Mose gehört, sagt:

"Er hat alles gemacht, was ist; du allein bist es, die Millionen verdanken dir ihr Wesen; er ist der Herr von allem, was ist, und von allem, was nicht ist." Ein Papyrus, jetzt in Paris, aus dem Jahr 2300 v. Chr., enthält Zitate aus zwei viel älteren Aufzeichnungen, eine aus der Zeit von König Suffern, um 3500 v. Chr., die besagt: "Das Wirken Gottes ist eine Sache, die man nicht verstehen kann." Der andere, aus einer Schrift von Ptah Hotep, um 3000 v. Chr., lautet: "Das ist der Befehl des Gottes der Schöpfung, die Friedfertigen können kommen und Befehle.... erteilen Das Essen von Brot steht im Einklang mit der Verordnung Gottes; kann man vergessen, dass sein Segen darauf aufbaut? Wenn du ein kluger Mann bist, lehre deinen Sohn die Liebe Gottes."[152]

Professor Ernest Naville, der in Genf im Rahmen von populären Vorträgen zu diesem Thema sprach, sagte: "Hört nun auf eine Stimme, die tatsächlich aus den Tiefen des Grabes gekommen ist: Sie erreicht uns aus dem alten Ägypten.

"In Ägypten war, wie Sie wissen, die Verschlechterung der religiösen Idee in der Volksmedizin abgeschlossen. Aber unter den verwirrten Akzenten des Aberglaubens gelingt es der Wissenschaft unserer Zeit, die Schwingungen einer erhabenen Äußerung aus der Ferne zu erfassen. In den Särgen einer großen Anzahl von Mumien wurden Papyrusrollen entdeckt, die einen heiligen Text enthalten, der "Das Buch der Toten" genannt wird. Hier ist die Übersetzung einiger Fragmente, die aus einer sehr fernen Epoche zu stammen scheinen. Es ist Gott, der so spricht: Ich bin der Allerheiligste, der Schöpfer von allem, was die Erde wieder auffüllt, und von der Erde selbst, der Wohnung der Sterblichen. Ich bin der Prinz der unendlichen Zeiten. Ich bin der

Große und Mächtige Gott, der Allerhöchste, der inmitten der Karrieresterne und der Armeen leuchtet, die mich über deinem Kopf.... loben. Ich bin es, der die Übeltäter und Verfolger der göttlichen Menschen bestraft. Ich entdecke und verwirre die Lügner. Ich bin der Allwissende Rächer,.... der Hüter meiner Gesetze im Land der Rechtschaffenen. Diese Worte finden sich vermischt in dem Text, aus dem ich sie extrahiere, mit Anspielungen auf minderwertige Gottheiten; und es muss anerkannt werden, dass die Übersetzung der alten Dokumente Ägyptens unsicher genug ist; dennoch scheint sich diese Unsicherheit nicht auf den allgemeinen Sinn und die Bedeutung der jüngsten Entdeckungen unserer *Savannen zu* erstrecken"[153].

Professor Flint behauptet gegenüber Cudworth, Ebrard, Gladstone und anderen, dass die ägyptische Religion am Anfang ihrer Geschichte "gewisse große Götter" hatte, obwohl er hinzufügt, dass "es nicht so viele gab wie in späteren Zeiten". "Ahnenverehrung, aber nicht so entwickelt wie in späteren Zeiten, und Tierverehrung, aber sehr wenig davon im Vergleich zu späteren Zeiten." Andererseits, im Gegensatz zu Professor Tiele, hat Frau Amelia B. Edwards und andere, sagt er: "Für die Meinung, dass seine niedrigeren Elemente älter waren als die höheren, gibt es kein Partikel von richtig historischen Beweisen, keine Spur in den Inschriften der bloßen Versöhnung von Vorfahren oder des Glaubens an die absolute Göttlichkeit von Königen oder Tieren; im Gegenteil, die Vorfahren werden immer durch das Gebet zu einigen der großen Götter besänftigt gefunden; Könige werden als Emanationen und Bilder des Sonnengottes verehrt und die göttlichen Tiere als göttliche Symbole und Inkarnationen verehrt".

Unter den Griechen gibt es nur wenige Spuren des Monotheismus, aber wir haben Grund dafür, dass ihre erste Literatur aus so später Zeit stammt. Es begann mit Homer erst 600 v. Chr., und direkte Berichte über die Religion der Griechen werden nicht über 560 v. Chr. hinaus verfolgt. Aber Welcker, dessen Untersuchungen erschöpfend waren, hat nach Ansicht von Max Müller den primitiven Monotheismus der Griechen weitgehend etabliert. Müller sagt: "Wenn wir mit ihm zu den entferntesten Höhen der griechischen Geschichte aufsteigen, steht die Vorstellung von Gott als dem höchsten Wesen als einfache Tatsache vor uns. Neben dieser Anbetung des Einen Gottes, des Vaters der Menschen, finden wir in Griechenland eine Verehrung der Natur. Die ursprünglich als solche verehrten Naturkräfte wurden danach in eine Götterfamilie umgewandelt, deren König und Vater Zeus wurde. Die dritte Phase ist das, was allgemein als griechische Mythologie bezeichnet wird; aber sie wurde durch die beiden vorangegangenen Konzeptionen, den Glauben an einen höchsten Gott und die Anbetung der Naturgewalten...., in der Zeit vorausgegangen oder zumindest möglich gemacht. Der göttliche Charakter des Zeus, der sich von seinem mythologischen Charakter unterscheidet, wird von Welcker sehr sorgfältig herausgestellt. Er bedient sich aller Entdeckungen der vergleichenden Philologie, um deutlicher zu zeigen, wie dieselbe Idee, die in den alten Religionen der Brahmanen, Sklaven und Deutschen ihren Ausdruck fand, von den Ursiedlern von Hellas unter demselben einfachen, klaren und erhabenen Namen erhalten worden war"[154].

Die gleiche hohe Autorität verfolgt in seinen eigenen Sprachstudien die wichtige Tatsache, dass alle Zweige der arischen Rasse den gleichen Namen für das Höchste Wesen bewahren, während sie große Verzweigung und Variation in den Namen ihrer untergeordneten Götter zeigen. Wenn also die Indo-Arier zum Zeitpunkt ihrer Auflösung einen monotheistischen Glauben nachweisen, gibt es eine *a priori* Vermutung für den Monotheismus der Griechen. "Herodot", sagt Professor Rawlinson, "spricht von Gott, als hätte er noch nie etwas von Polytheismus gehört." Das Zeugnis der griechischen Dichter zeigt, dass unter dem vorherrschenden Polytheismus eine zugrundeliegende Vorstellung von monotheistischer Vorherrschaft blieb. Professor Rawlinson zitiert aus einem orphischen Gedicht die Worte:

"Ares ist Krieg, Frieden.

Weiche Aphrodite, Wein, den Gott hergestellt hat.

Ist Dionysius, Themis ist das Richtige.

Die Menschen leisten jedem etwas. Apollo auch,

Und Phoebus und AEschlepius, die Krankheiten heilen, sind die Sonne. Alle diese sind eins."

Max Müller führt auf dieses gleiche Element des Monotheismus die wahre Größe und Kraft der griechischen Rasse zurück, wenn er sagt: "Was war es dann, das in ihren Herzen (den Griechen) bewahrt wurde, trotz auch der Fehden von Stämmen und der Eifersucht von Staaten, das tiefe Gefühl jener idealen Einheit, die ein Volk ausmacht? Es war ihre primitive Religion; es war eine schwache Erinnerung an die gemeinsame Treue, die sie dem großen Vater der Götter und Menschen von jeher verdanken; es war ihr Glaube an den alten Zeus von Dodona im phänhellenischen Zeus"[155] "Es gibt in Wahrheit nur einen", sagt Sophokles, "einen einzigen Gott, der sowohl den Himmel als auch die langgezogene Erde und die hellgesichtige Anschwellung der Meere und die Kraft der Winde geschaffen hat". Xenophanes sagt: "'Mongst Götter und Menschen gibt es einen mächtigsten Gott, der nicht sterblich, in Form oder Gedanken ist. Er sieht und versteht alles, und ohne Arbeit regiert alles im Kopf." Aratus, den Paulus zitiert,[156] sagt:

"Mit Zeus begannen wir; keine sterbliche Stimme der Menschen sollte Zeus ungelobt lassen. Zeus erfüllt den Himmel, die Straßen, die Märkte. Überall, wo wir im Zeus leben. Zeus füllt das Meer, die Ufer, die Häfen. Wir sind auch seine Nachkommen." Der Hinweis des Paulus impliziert offensichtlich, dass dieser Zeus eine schwache Vorstellung von dem einen wahren Gott war.

Dass alle Zweige der semitischen Rasse monotheistisch waren, können wir nicht nur Ebrard und Müller, sondern auch Renan als Zeugen nennen. Nach Renan zeigen Beweise dafür, dass der Monotheismus der semitischen Rassen sehr frühen Ursprungs war, dass alle ihre Namen für die Gottheit-El, Elohim, Ilu, Baal, Bel, Adonai, Shaddai und Allah - ein Wesen und diesen Obersten bezeichnen. Diese Namen haben allen Veränderungen widerstanden und reichen zweifellos bis in die semitische Sprache oder die semitische Rasse zurück. Max Müller spricht vom frühen Glauben der Araber und sagt: "Lange vor Mohammed machte sich die primitive Intuition Gottes in Arabien bemerkbar", und er zitiert dieses alte arabische Gebet: "Ich widme mich deinem Dienst, o Allah. Du hast keinen Gefährten, außer dem Gefährten, von dem du der absolute Meister bist und von dem, was ihm gehört." Das Buch Hiob und die Geschichte von Bileam zeigen die Prävalenz eines frühen Monotheismus jenseits der blassen der abrahamitischen Kirche. In den Aufzeichnungen der Könige von Assyrien und Babylonien gibt es einen auffälligen Polytheismus, aber es ist bezeichnend, dass jeder König *nur einen Gott* verehrt hat. Und diese Tatsache deutet als weite Verallgemeinerung darauf hin, dass politische und dynastische Eifersucht ihren Einfluss auf die Multiplikation der Namen und die Differenzierung der Attribute alter Gottheiten hatten. Dies war vor allem im alten Ägypten der Fall, wo jede Invasion und jeder Wechsel der Dynastie zu einer neuen Anpassung des ägyptischen Pantheons führte.

Rom hatte viele Götter, aber der Jupiter war der höchste. Herodot sagt von den Skythen, dass sie acht Götter hatten, aber einer war der Höchste, wie Zeus. Die Nordmänner, so Dr. Dascent, hatten einen höchsten Gott, der als "All-Fader" bekannt ist. Die Druiden, obwohl sie verschiedene untergeordnete Gottheiten anbeten, glaubten an einen, der der Höchste war - den Schöpfer aller Dinge und die Seele aller Dinge. Obwohl im pantheistischen Sinne gedacht, war Er persönlich und übte eine moralische Kontrolle aus, wie die berühmte Triade zeigt:

"Fürchte Gott; sei gerecht zu allen Menschen; sterbe für dein Land." In der höchsten und reinsten Periode des alten mexikanischen Glaubens lesen wir von dem tezcucanischen Monarchen Nezahualcoyotl, der sagte: "Diese Götzen aus Holz und Stein können weder hören noch fühlen; noch könnten sie den Himmel und die Erde und den Menschen, der ihr Herr ist, machen. Das muss das Werk des allmächtigen unbekannten Gottes, des Schöpfers des Universums, sein, auf den ich mich allein verlassen muss, um Trost und Unterstützung zu erhalten"[157] Auch die Inkas von Peru, obwohl sie Sonnenanbeter waren, glaubten an einen höchsten Schöpfer, der die Sonne schuf. Der älteste ihrer Tempel wurde zum höchsten Gott "Virachoca" erzogen. Und eine der größten Inkas hat seinen erklärten Glauben verlassen, dass "es über der Sonne einen größeren und mächtigeren Herrscher geben muss, auf dessen Wunsch die Sonne seine tägliche und unermüdliche Runde verfolgt"[158].

In diesem Vortrag wurde davon ausgegangen, dass es statt eines Fortschritts in den Religionen der Menschen überall einen Rückgang gegeben hat. Unsere Beweise dafür sind nicht theoretisch, sondern historisch. Als Beispiel sind sich alle Schriftsteller einig, glaube ich, dass sich die Religion der Ägypter während der historischen Periode ständig verschlechtert hat, bis das Christentum und der Mohammedanismus sie abgelöst haben. Im starken Gegensatz zu dem erhabenen und veredelnden Gebet, das wir aus einer alten ägyptischen Aufzeichnung zitiert haben, steht die Erniedrigung der späteren Anbetung. Auf einer Säule in Heliopolis, die zum vierten Jahrhundert vor Christus gehört, ist diese Bitte eingeschrieben: "O weiße Katze, dein Kopf ist das Haupt des Sonnengottes, deine Nase ist die Nase von Thoth, von der überaus großen Liebe zu Hemopolis." Das ganze Gebet ist auf dieser niedrigen Ebene. Clement, von Alexandria, nachdem er die große Schönheit eines ägyptischen Tempels beschrieben hat, fährt fort zu sagen: "Das innerste Heiligtum wird von einem goldgeschmiedeten Vorhang verdeckt, den der Priester zur Seite zieht, und es sieht eine Katze, ein Krokodil oder eine Schlange, die sich auf einer lilafarbenen Decke windet."[159]

Dass die Religionen Indiens entartet sind, ist ebenso klar. Die Tatsache, dass alle mittelalterlichen und modernen Reformen auf den früheren und reineren arischen Glauben zurückblicken, könnte an sich schon einen ausreichenden Beweis dafür liefern, aber wir haben auch viele direkte Beweise. In der Rig

Veda gibt es wenig Polytheismus und keine Götzendienst. In den ältesten Zeiten gab es keine Doktrin der Auswanderung, noch irgendeine Vorstellung, dass das menschliche Leben ein Übel ist, das durch Selbstbestimmung überwunden werden kann. Die Frau war vergleichsweise frei von den Unterdrückungen, die sie in den späteren Perioden erlitt. Der Kindesmord war damals nicht genehmigt und von religiöser Autorität angeordnet worden, und die Verbrennung der Witwe und die religiösen Morde an den Schlägern waren unbekannt. Und doch waren diese Übel zu Beginn der britischen Herrschaft in Indien so tief verwurzelt, dass der gemeinsame Einfluss von christlicher Lehre und staatlicher Autorität seit einem ganzen Jahrhundert nicht ausreicht, um sie zu überwinden.

Der Buddhismus in den ersten zwei oder drei Jahrhunderten hatte viel zu empfehlen. König Ashoka hinterließ Denkmäler von praktischem Nutzen und Philanthropie, die bis heute erhalten geblieben sind. Aber bald entstanden unzählige Legenden, die die Einfachheit von Gautamas Ethik trübten. Korruptionen schlichen sich ein. Kompromisse wurden mit populärem Aberglauben und mit hinduistischem Saktismus eingegangen[161] Die Mönchsorden sanken in Korruption, und im neunten Jahrhundert unserer Zeit war das System vollständig aus Indien verschwunden. Der Buddhismus von Ceylon wurde zuerst von dem frommen Sohn und der Tochter eines Königs gegründet und war eine Zeit lang von großer Reinheit und Hingabe geprägt. Aber jetzt existiert sie nur noch im Namen, und ein prominenter Missionar des Landes erklärte auf der Londoner Missionskonferenz von 1888, dass neun Zehntel der Cingalesen Schlangen- oder Geisterverehrer seien[162] Der vorherrschende Buddhismus in Thibet, vom achten bis zehnten Jahrhundert, war eine Mischung aus Saktismus und Aberglaube. Wenn das System in einem guten Maß an Stärke überlebt hat, ist es entweder auf die Unterstützung der Regierung oder auf ein Bündnis mit anderen Religionen zurückzuführen. Die Geschichte des Taouismus hat eine noch schlimmere Verschlechterung gezeigt. Laotze, obwohl als Reformer unpraktikabel, war ein profunder Philosoph. Seine Lehren enthielten einen hohen Moralkodex. Aberglaube, den er verabscheute. Seine Vorstellungen von Gottheit waren kalt und rationalistisch, aber sie waren rein und erhaben. Aber der moderne Taouismus ist ein Gemisch aus wildem und erniedrigendem Aberglauben. Gemäß seiner Theodizee wird die ganze Natur heimgesucht. Die unwissenden Massen sind begeistert von der Angst vor Geistern, und jeder Fortschritt wird durch den Alptraum des "fung shuay" gelähmt. Wäre der Taouismus nicht durch die robuste Ethik des Konfuzianismus ausgeglichen worden, hätten die Chinesen zu einer Rasse der Wilden werden können[163].

Der Niedergang des Mohammedanismus vom erhabenen Fanatismus Abu Bekrs und den intellektuellen Bestrebungen Haroun Al Raschids bis hin zur sinnlosen Schwachsinnigkeit des modernen

Türken ist zu patentiert, um Argumente zu brauchen. Der Wurm der Zerstörung wurde von den Lastern Mohammeds selbst im System zurückgelassen; und von der höheren Ebene seiner frühen Anhänger hat er sich nicht nur verschlechtert, sondern er hat auch alles andere damit heruntergezogen. Es hat die Familie zerstört, weil es die Frau erniedrigt hat. Sie hat sie unermesslich von dem Status der Würde und Ehre getrennt, den sie unter dem Einfluss der frühchristlichen Kirche genoss, und sie hat ihr sogar die Freiheit genommen, die ihr vom heidnischen Rom gewährt wurde. Man braucht nur nach Nordafrika zu schauen, das Land der Zyprioten und Origen, des Augustinus und der heiligen Monica, um zu sehen, was der Islam getan hat. Und auch die späteren Jahrhunderte haben keine Erleichterung gebracht. Wohlhabende Ländereien wurden desolat und steril gemacht, und alle Fortschritte wurden lahmgelegt.

In der Geschichte der griechischen Religion ist es selbstverständlich, dass es Perioden des Aufstiegs gab. Die Zeiten der voll entwickelten Apollo-Kultes zeigten eine deutliche Verbesserung gegenüber früheren Perioden, aber selbst Professor Tiele räumt praktisch ein, dass dies auf die Einfuhr ausländischer Einflüsse zurückzuführen ist. Es war nicht auf einen natürlichen Evolutionsprozess zurückzuführen; und es folgten hoffnungslose Korruption und Niedergang. Die letzten Tage sowohl in Griechenland als auch in Rom waren degeneriert und voller Depressionen und Verzweiflung.

Es wird nicht behauptet, dass im Heidentum keine Erweckungen oder Reformen möglich sind. Es gab viele davon, aber bei aller Berücksichtigung krampfhafter Bemühungen war die allgemeine Drift immer nach unten. 164] Es gibt eine natürliche Bereitschaft der Menschen, Objekte der Anbetung zu vervielfältigen. Das Prinzip von Herbert Spencer, dass die Entwicklung vom Homogenen zum Heterogenen geht, gilt sicherlich für die Weltreligionen; aber sein anderes Prinzip, dass die Entwicklung vom Inkohärenten zum Kohärenten geht, gilt nicht. Inkohärenz und moralisches Chaos kennzeichnen den Trend aller vom Menschen geschaffenen Glaubensrichtungen. Die allgemeine Tendenz zur Verschlechterung wird von Professor Naville wie folgt zusammengefasst:

"Spuren finden sich fast überall inmitten des abgöttischen Aberglaubens, einer vergleichsweise reinen Religion, die oft von einer hohen Moral geprägt ist. Das Heidentum ist keine einfache Tatsache; es bietet die Möglichkeit, im selben Bett zwei Strömungen (wie die Arve und das Arveisen) zu betrachten - die eine rein, die andere unrein. Was ist das Verhältnis zwischen diesen beiden Strömungen? ... Begann die Menschheit mit einem groben Fetischismus, und stieg dann langsam zu höheren Vorstellungen auf? Zeigen sich die Spuren eines vergleichsweise reinen Monotheismus erst in den letzten Perioden der Götzenverehrung? Die moderne Wissenschaft neigt immer mehr dazu, negativ zu antworten. Es ist im ältesten historischen Boden, auf dem sich die mühsamen Ermittler der Vergangenheit mit den erhabensten Vorstellungen von Religion treffen. Schneiden Sie eine junge und kräftige Buche zu Boden und kommen Sie ein paar Jahre später wieder. Anstelle des abgeholzten Baumes findet man Laubwald; der Saft, der einen einzelnen Stamm ernährte, wurde auf eine Vielzahl von Triebe verteilt. Dieser Vergleich drückt gut genug die Meinung aus, die unter unseren Gelehrten zum Thema der historischen Entwicklung der Religionen vorherrscht. Die Idee des einen Gottes steht an der Wurzel - sie ist primitiv; der Polytheismus ist abgeleitet"[165].

Wir haben unsere Beweise für die polytheistischen Tendenzen des Menschen bisher aus der Geschichte der nicht-christlichen Religionen gezogen. Als Beweis für die gleiche allgemeine Tendenz wenden wir uns nun der Geschichte der Israeliten zu, dem auserwählten Volk Gottes. Wir können uns richtig auf die Bibel als Geschichte berufen, besonders wenn wir auch unter der vollen Flamme der Wahrheit abgöttische Tendenzen zeigen. Trotz der übernatürlichen Offenbarung, die sie zu besitzen behaupteten - ungeachtet all ihrer Anweisungen, Warnungen, Versprechungen, Befreiungen, göttlich unterstützten Eroberungen -, fielen sie immer wieder in die Götzendienst zurück. Sie hatten das Land der Verheißung erreicht, in dem sie begonnen hatten, Bilder von den Göttern Ägyptens zu machen. Sie schlossen ständige Kompromisse und Allianzen mit den Kanaanitern, und nicht einmal strenge Urteile konnten sie von dieser Abwärtsbewegung abhalten. Ihr weisester König wurde durch heidnische Ehen demoralisiert, und seine Nachfolger bevormundeten offen die heidnischen Schreine. Die Gräuel der Baalverehrung und die namenlosen Laster von Sodom wurden unter dem Schatten des Tempels praktiziert. 166 Urteile folgten auf diese erbärmliche Degeneration. Propheten wurden mit wiederholten Warnungen gesandt, und viele wurden für ihre treuen Botschaften getötet. Stamm für Stamm wurde in Gefangenschaft gebracht, der Tempel wurde zerstört, und schließlich wurde die Nation praktisch aufgelöst und ins Ausland verstreut.

In der Tat gab es in der Kirche Gottes eine wahre Entwicklung von der abrahamitischen Zeit bis zum apostolischen Tag. Es gab einen Aufstieg von einem engen nationalen Geist zu einem, der die ganze Bruderschaft des Menschen umfasste, von Typ und Prophezeiung bis zur Erfüllung, von den Sünden, denen zugesehen wurde, bis zu einer reineren Ethik und dem vollkommenen Gesetz der Liebe; aber diese Ergebnisse kamen nicht durch die natürliche Evolution - weit genug von ihr. Sie wurden nicht von Menschenhand ausgetrieben, aber man könnte fast sagen, trotz Menschen. Göttliche Zwischenstellungen waren alles, was das Judentum vor einem totalen Untergang bewahrte, auch wenn die nationale Einheit zerstört wurde. Eine neue Dispensation wurde eingeführt, ein göttlicher Erlöser und ein allmächtiger Geist waren die Kräfte, die die Welt vor einem zweiten universellen Abfall retteten.

Wir kommen der Kirche Gottes noch näher, um Beweise für die inhärente Tendenz des Menschen zum Polytheismus zu finden. Selbst unter der neuen Dispensation haben wir gesehen, wie die Kirche in virtuellem Götzendienst versunken ist. Innerhalb von sechs Jahrhunderten nach der Zeit Christi und seiner Apostel war es zu einem traurigen Verfall in das gekommen, was die Anbetung von Bildern, Bildern und Relikten und der Glaube an heilige Orte und die Knochen von Heiligen zu sein schien. Was Mohammed sah oder dachte, er sah, war eine christliche Götzenverehrung, die kaum besser war als die des arabisch-koreanischen. Und wie durch das Gericht Gottes wurden die Kirchen des Ostens von einer Zerstörung heimgesucht, wie sie den zehn Stämmen widerfahren war. Im Christentum von heute, als Ganzes betrachtet, ist die Tendenz, sich von der reinen geistlichen Vorstellung Gottes zu einem objektiveren Vertrauensmann zu wandeln - einem Heiligen, einer Reliquie, einem Ritual, einer Verordnung. Wie viel virtuelle Götzenverehrung gibt es in den alten Kirchen des Ostens oder auf dem Kontinent Europa schon heute? Es ist nur eine weitere Form der Tendenz des Menschen, viele Geräte zu suchen, sichtbare Objekte des Vertrauens zu finden, neue Allheilmittel für die Leiden der Seele auszuprobieren, sich mit sich selbst zu multiplizieren, um seiner Schwäche zu helfen. Das ist genau das, was in allen Zeiten und unter allen Rassen der Welt getan wurde. Das erklärt den Polytheismus. Die religiöse Natur des Menschen ist eine Rebe, und Gott ist seine einzige richtige Unterstützung. Einmal von diesem Träger gefallen, kriecht und kriecht er in alle Richtungen und über alle falschen Stützen.

Wir haben nicht auf die göttliche Offenbarung zurückgegriffen, um Beweise zu finden, außer als Geschichte. Aber unsere Schlussfolgerungen aus heidnischen Quellen führen uns direkt, wie ein Gesicht auf ein anderes Gesicht im Glas antwortet, zu den einfachen Lehren des Paulus und anderer inspirierter Schriftsteller, die uns sagen, dass die menschliche Rasse einst von der Erkenntnis des Einen Höchsten Gottes besessen war, aber dass die Menschen von Ihm abgefallen sind und es vorziehen, das Geschöpf statt den Schöpfer anzubeten. Es gibt keine Spuren einer Aufwärtsentwicklung hin zu klarerem Wissen und reinem Leben, außer durch das Wirken äußerer Ursachen, aber es gibt viele Beweise dafür, dass die Herzen der Menschen verdunkelt und ihre moralische Natur immer mehr verkommen sind. In allen Ländern gab es diejenigen, die einen Blick auf die Wahrheit zu werfen schienen und deren Lehren weit über dem durchschnittlichen Gefühl und Charakter ihrer Zeit lagen, aber sie wurden entweder wie Sokrates und die Propheten Israels verworfen, oder sie haben nur für eine Zeit eine Fangemeinde erhalten und ihre Gebote sind vernachlässigt worden. Es wurde gut gesagt, dass keine Rasse von Menschen ihrer Religion gerecht wird, so unvollkommen sie auch sein mag. Sie ignorieren es zuerst und erniedrigen es dann ausführlich, um es ihrem apostatischen Charakter anzupassen.

Paulus' Einschätzung des heidnischen Charakters war die eines Mannes, der neben seiner direkten Inspiration aus einem breiten Spektrum von

Beobachtungen sprach. Er war ein Philosoph durch Bildung, und er lebte in einer Zeit und inmitten einer nationalen Umgebung, die das breiteste Wissen über Männer, Bräuche, religiöse Religionen und Institutionen bot. Als Jude ausgebildet, der ständig mit den am meisten erleuchteten Heiden zu tun hat, die Christen verfolgt und sich dann für ihre Sache einsetzt, war seine Vorbereitung auf ein breites, ruhiges und unfehlbares Urteil über den Charakter der heidnischen Nationen abgeschlossen; und sein einziges entschiedenes Urteil war der *Glaubensabfall.*

FOOTNOTES:

[Fußnote 125: Fiske: *The Destiny of Man*, S. 78-80.]

[Fußnote 126: Wir kümmern uns nicht darum, in den Bereich der prähistorischen Spekulation einzutreten, in dem die Evolution der Religion vom Totemismus oder Fetischismus behauptet, ihre Hauptunterstützung zu finden. Wir betrachten nur die traditionelle Entwicklung der alten Glaubensrichtungen des Menschen.]

[Fußnote 127: *Einführung in die christliche Theologie*, Anhang, S. 166, 167.]

Fußnote 128: Ebrards *Apologetik*, Bd. ii. und iii.]

[Fußnote 129: *Moderner Atheismus*, S. 13.]

[Fußnote 130: *Die Chinesen*, S. 163, 164.]

Fußnote 131: *Chips aus einem deutschen Workshop*, Bd. i., S. 23.]

[Fußnote 132: Professor Banergea (siehe *Indian Antiquary*, Februar 1875) glaubt, dass dieser hinduistische Schöpfungsbericht Spuren der gemeinsamen Offenbarung an die Menschheit zeigt.]

[Fußnote 133: *Religionswissenschaft*, S. 99.]

[Fußnote 134: *Religionswissenschaft*, S. 88.]

Fußnote 135: "Die alten Relikte des afrikanischen Glaubens verschwinden schnell mit der Annäherung der mohammedanischen und christlichen Missionare; aber was davon bewahrt wurde, vor allem durch die Bemühungen der gelehrten Missionare, ist für den Religionsschüler mit seiner seltsamen Anbetung von Schlangen und Vorfahren, seiner vagen Hoffnung auf ein zukünftiges Leben und seiner nicht ganz verblassten Erinnerung an einen Höchsten Gott, den Vater des Schwarzen wie des Weißen Mannes, von Interesse, S. 39.

[Fußnote 136: Während er behauptet, dass die Idee Gottes der Idee der *Götter* vorausgegangen sein muss, wie der Plural immer das Singuläre impliziert, behauptet er dennoch zu Recht, dass die ausschließliche Auffassung vom Monotheismus gegenüber dem Polytheismus kaum hätte existieren können. Die Menschen dachten einfach an Gott als Gott, wie ein Kind an seinen Vater und stellen nicht einmal die Frage nach einem zweiten. siehe *Chips aus einer deutschen Werkstatt*, Bd. i., S. 349.]

[Fußnote 137: Der heilige Augustinus zeigt im Zitat Zyprians, dass die Kirchenväter Platon als

Monotheisten betrachteten. Der Durchgang ist wie folgt: "Denn wenn er (Zyprer) von den Magiern spricht, sagt er, dass der Häuptling unter ihnen, Hostanes, behauptet, dass der wahre Gott unsichtbar ist und dass wahre Engel an seinem Thron sitzen; und dass Platon damit einverstanden ist und an den einen Gott glaubt und die anderen als Dämonen betrachtet; und dass Hermes Trismegistus auch von einem Gott spricht und bekennt, dass er unverständlich ist." Angus., *De Baptismo contra Donat.*, Lib. VI., Kap. XLIV.]

[Fußnote 138: *Die arische Zeugin*, passim.]

Fußnote 139: Aristoteles sagte: "Gott, obwohl er einer ist, hat er viele Namen, weil er nach den Staaten berufen ist, in die er immer wieder neu eintritt"]].

[Fußnote 140: *Die Religionen Chinas*, S. 16.]

[Fußnote 141: *Die Religionen Chinas*, S. 49.]

[Fußnote 142: "Im Jahr 1600 erklärte der Kaiser von China in einem Edikt, dass die Chinesen nicht den materiellen Himmel, sondern den *Meister* des Himmels anbeten sollten" - Kardinal Gibbons: *Unser christliches Erbe*.]

[Fußnote 143: Martin: *Die Chinesen*, S. 106.]

Fußnote 144: Es wurde von Pfarrer Hudson Taylor berichtet, dass die Fischer der Fukien-Provinz, wenn ein Sturm aufkommt, zur Göttin des Meeres beten; aber wenn das nicht hilft, werfen sie alle Götzen zur Seite und beten zum "Urgroßvater im Himmel". Vater ist eine große Vorstellung für den chinesischen Geist. Urgroßvater ist noch höher und steht ihnen für den Höchsten.]

[Fußnote 145: *Religionswissenschaft*, S. 86.]

[Fußnote 146: *Die Chinesen*, S. 99.]

Fußnote 147: Andere Schriftsteller behaupten, dass er wahrscheinlich gleichzeitig mit Abraham zusammen war. Wieder andere halten Zoroaster für einen allgemeinen Namen für große Propheten. Darmestetter neigt sich zu diesem Blick.]

[Fußnote 148: *Chips aus einem deutschen Workshop.*]

Fußnote 149: Erzbischof Vaughn von Sydney erklärt nachdrücklich, dass die Ureinwohner Australiens an ein höheres Wesen glauben.

[Fußnote 150: Pastor Johnson aus Lagos hat den Glauben geäußert, dass die heidnischen Stämme Westafrikas vor dem Einfall der Mohammedaner Monotheisten waren. Pfarrer Alfred Marling von Gaboon trägt das gleiche Zeugnis von den Fans.]

[Fußnote 151: Rev. A.C. Thompson, D.D. *The Moravians.*

Einer der frühen Bekehrten aus dem Kreis der Ojibwas sagte zum Missionar, Pfarrer S.G. Wright: "Einen Großteil eurer Predigten verstehe ich gut, besonders was ihr über unsere wahren Charaktere sagt. Wir Inder wissen alle, dass es falsch ist zu lügen, zu stehlen, unehrlich zu sein, zu verleumden, begehrenswert zu sein, und wir wissen immer, dass der Große Geist all diese Dinge hasst. All das wussten wir, bevor wir den weißen Mann sahen. Ich wusste diese Dinge, als ich ein kleiner Junge war. Wir kannten jedoch nicht den Weg der Vergebung für diese Sünden. In unserer Religion gibt es nichts, was die Weisen über Vergebung sagen. Wir wussten nichts über den Herrn Jesus Christus als Retter."]]

[Fußnote 152: Professor Tiele aus Leyden behauptet: "Es ist völlig falsch, die ägyptische Religion als die polytheistische Degeneration eines prähistorischen Monotheismus zu betrachten. Es war von Anfang an polytheistisch." Aber auf einem der ältesten ägyptischen Denkmäler befindet sich diese Hymne, die von Kardinal Gibbons in unserem christlichen Erbe zitiert wird:

"Heil dir, sprich alle Geschöpfe;....

Die Götter verehren deine Majestät,

Die Geister, die du geschaffen hast, verherrlichen dich,

Jubelnd vor den Füßen ihres Vaters.

Sie rufen dich willkommen,

Vater der Väter aller Götter,

Wer den Himmel erhebt, der die Erde festhält;

Wir verehren deinen Geist, der uns allein gemacht hat,

Wir, die du dir gedankt hast, dass du uns zur Welt gebracht hast, loben dich für deine Barmherzigkeit uns gegenüber."]

[Fußnote 153: *Moderner Atheismus*, S. 13.]

Fußnote 154: *Chips aus einem deutschen Workshop*, Bd. ii., S. 146, 147.]

[Fußnote 155: *Religionswissenschaft*, Vortrag III., S. 57.]

[Fußnote 156: Acts xvii. 28.]

[Fußnote 157: Prescotts *Eroberung Mexikos*.]

[Fußnote 158: Reville behauptet in seinen *Hibbert-Vorträgen* über mexikanische und peruanische Religionen, dass es von Anfang an einen Polytheismus gab, aber unsere Behauptung ist, dass der eine Gott der Beste war und die Sonne erschaffen hat.]

[Fußnote 159: De Pressense: *Die Antike und das Christentum*.]

[Fußnote 160: Bournouf fand die Tantras so obszön, dass er sich weigerte, sie zu übersetzen.]

[Fußnote 161: T. Rhys Davids: *Buddhismus*, S. 208.]

[Fußnote 162: *Bericht der Missionskonferenz*, Bd. i, S. 70.]

[Fußnote 163: Buddhismus, in der *Britannica*.]

[Fußnote 164: Pfr. S.G. Wright, lange Zeit Missionar unter den Indianern Amerikas, sagt: "Während der sechsundvierzig Jahre, in denen ich unter den Ojibway-Indianern gearbeitet habe, war ich immer mehr beeindruckt von den Beweisen, die sich in ihrer Sprache zeigten, dass sie irgendwann im Besitz von viel höheren Vorstellungen von Gottes Attributen waren, von dem, was wahres Glück, Unsterblichkeit und Tugend sowie von der Natur des Teufels und seinem Einfluss auf die Welt ausmacht, als diejenigen, die sie jetzt besitzen. Die Sache, die uns früh in unserer Erfahrung überrascht hat und die nicht aufgehört hat, uns zu beeindrucken, ist, dass sie mit ihren gegenwärtigen niedrigen Vorstellungen von geistigen Dingen ein so hohes und geistiges Wort für die Gottheit hätten wählen können. Die einzig befriedigende Erklärung scheint zu sein, dass sie in einer frühen Periode ihrer Geschichte höhere und korrektere Vorstellungen von Gott hatten als die, die sie jetzt besitzen, und dass diese, wie die Geologen sagen würden, in ihren Sprachformen *versteinert* und so erhalten wurden." --Bibliotheca Sacra, Oktober 1889.]

[Fußnote 165: *Moderner Atheismus*, S. 10.]

[Fußnote 166: I. Könige, xiv. und II. Könige, xxiii.]

References

Sir Edward Evans-Pritchard, Theories of Primitive Religion, New York: Oxford University Press, 1987

The Origin and Growth of Religion: Facts and Theories," 1931

Schmidt, "The Origin and Growth of Religion: Facts and Theories," New York: Cooper Square Publishers, 197

Pettazzoni, Raffaele (April 1958). "Das Ende des Urmonotheismus". Numen

William Wainwright. "Monotheism". Stanford Encyclopedia of Philosophy.

Ingram Content Group UK Ltd.
Milton Keynes UK
UKHW020954080323
418216UK00006B/224